"1+X"智能网联汽车检测与运维职业技能等级证书配套系列教材

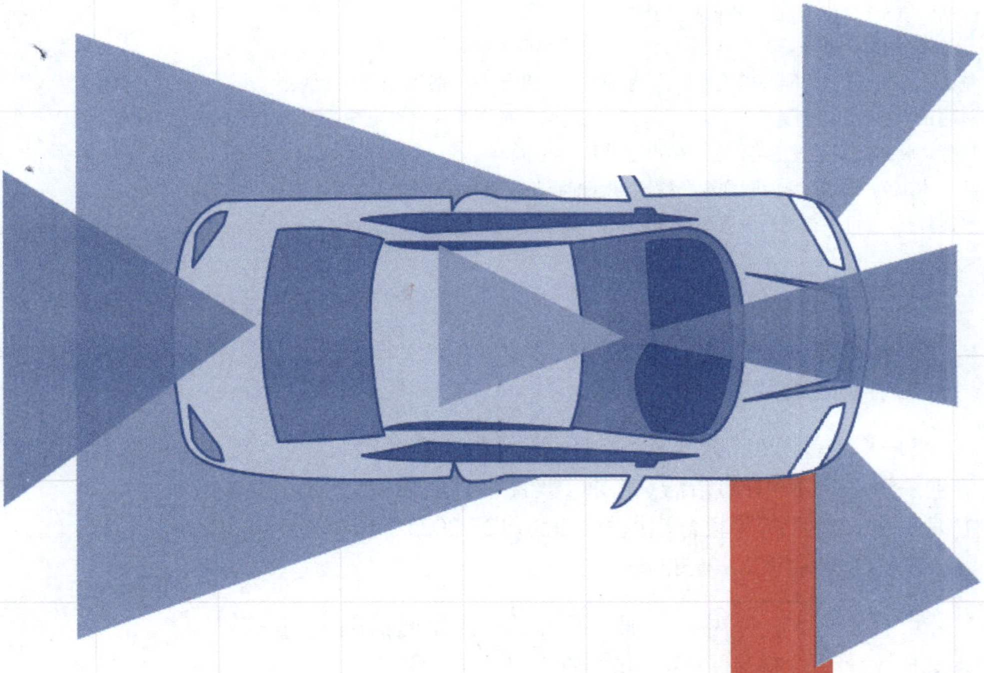

"1+X"智能网联汽车检测与运维职业技能等级证书

学生手册（初级）

中德诺浩（北京）教育科技股份有限公司 主 编

高等教育出版社·北京

内容简介

本书根据智能网联汽车企业一线典型工作任务而编写，使学习者具备智能网联汽车检测与运维的各项职业技能。

本书共计10个学习任务，80课时，包括客户服务接待、高级驾驶辅助系统（ADAS）运维、智能座舱系统运维、视觉传感器更换与测试、激光雷达更换与测试、毫米波雷达更换与测试、定位系统更换、人机交互系统设定与匹配、疲劳驾驶预警系统设定与匹配、智能座椅设定与匹配。

本书为“1+X”智能网联汽车检测与运维职业技能等级证书的初级必备培训教材，也可供智能网联汽车相关从业者和社会人士学习参考。

图书在版编目（CIP）数据

“1+X”智能网联汽车检测与运维职业技能等级证书：学生手册：初级 / 中德诺浩（北京）教育科技股份有限公司主编. --北京：高等教育出版社，2020.12（2025.5重印）
ISBN 978-7-04-055094-8

Ⅰ. ①1… Ⅱ. ①中… Ⅲ. ①汽车－智能通信网－高等职业教育－教材 Ⅳ. ①U463.67

中国版本图书馆CIP数据核字（2020）第192633号

“1+X”智能网联汽车检测与运维职业技能等级证书－学生手册（初级）
“1+X” ZHINENG WANGLIAN QICHE JIANCE YU YUNWEI ZHIYE JINENG DENGJI ZHENGSHU–XUESHENG SHOUCE（CHUJI）

策划编辑	姚 远	责任编辑	姚 远	封面设计	张 志	版式设计	杜微言
插图绘制	邓 超	责任校对	吕红颖	责任印制	存 怡		

出版发行	高等教育出版社	网　址	http://www.hep.edu.cn
社　址	北京市西城区德外大街4号		http://www.hep.com.cn
邮政编码	100120	网上订购	http://www.hepmall.com.cn
印　刷	保定市中画美凯印刷有限公司		http://www.hepmall.com
开　本	787mm×1092mm 1/16		http://www.hepmall.cn
印　张	9.25		
字　数	180千字	版　次	2020年12月第1版
购书热线	010-58581118	印　次	2025年5月第5次印刷
咨询电话	400-810-0598	定　价	57.00元

物 料 号 55094-00

序

汽车产业正面临百年一遇的技术变革。随着汽车“新四化”，即电动化、智能化、网联化、共享化的快速发展，汽车产品正在被重新定义为“一个移动终端、储能单元和数字空间”。这其中，智能化和网联化的作用十分重要，并且变得越来越重要。在未来的汽车产品中，硬件所占的比例将越来越低，软件所占的比例将越来越高。

随着汽车产品被重新定义，汽车技术技能人才的标准毫无疑问也将被重新定义。在这个重要的时点，作为国家职业教育改革实施方案重要部分的“1+X”证书制度，将“智能网联汽车检测与运维”职业技能等级证书列为试点，这张证书紧跟汽车产业技术发展的步伐，将引领中国汽车职业教育的发展方向。

作为国家职业教育部际联席会议审议通过的第三批社会培训评价组织，中德诺浩（北京）教育科技股份有限公司（以下简称“中德诺浩”）非常荣幸能负责这一证书的开发与实施工作。中德诺浩自2003年成立以来，一直致力于引进国际先进的汽车职业教育课程体系，为中国职业院校提供从专业课程、教师培训、实训室建设方案、教学质量管理，到考试、认证、实习、就业、服务等全过程服务，助力职业院校汽车专业内涵建设，目前已发展成为国内最大的汽车职业教育服务机构。我们将集合多年的实践经验，积聚各方资源，全力做好证书的标准开发、教材编写、教师培训、教学支持、考试认证等工作。

在此次申报“智能网联汽车检测与运维”职业技能等级证书的标准开发与教材编写过程中，中德诺浩历时一年，精心组织，在充分调研企业一线岗位人员技能标准的基础上，组织来自中国汽车流通协会、中华全国工商业联合会汽车经销商商会、中国汽车人才研究会等行业组织，北汽新能源、广汽新能源、蔚来汽车、奇瑞汽车等领军汽车制造企业，北京运通汽车、广东利泰汽车、四川华星汽车等荣获“百强经销商”的汽车经销商集团，吉林大学汽车研究院、北京航空航天大学交通科学与工程学院等知名高校院系组织，北京电子科技职业学院、湖南汽车工程职业学院等骨干职业院校的专家，制定出了证书标准，并根据标准开发出了配套的培训课程教材。所开发的证书标准与现在企业实际工作岗位技能标准相契合，培训课程教材与企业一线工作任务相对应，培训场景与一线工作场景相接近，考核体系与企业一线工作人员技能测评体系相一致。

在成功申报成为“智能网联汽车检测与运维”职业技能等级证书的社会培训评价组织后，中德诺浩又先后听取了中国汽车工业协会、中国汽车维修行业协会等行业组织和长安新能源、小鹏汽车、威马汽车、合众汽车、爱驰汽车等国内汽车企业专家的意见，持续不断地对证书标准与课程教材进行完善。与此同时，许多行业组织和企业还纷纷表示，将会适时组织会员单位和产业链相关人员参加证书培训，以全面提升在职人员技能水平。可以说，“智能网联汽车检测与运维”职业技能等级证书正在得到行业和企业的高度认可。

我们深知，智能网联汽车的技术发展日新月异，中德诺浩将继续紧跟汽车产业技术的发展步伐，持续优化证书标准和课程教材开发机制，不断完善证书标准与课程教材内容。与此同时，中德诺浩还将借鉴多年来的国际标准课程体系在职业院校落地实施经验，全力做好证书的实施工作，为“1+X”证书制度建设，为中国汽车职业教育的发展做出应有的贡献。

中国汽车流通协会专家

中德诺浩汽车职业教育研究院院长

孙勇

2020年6月18日

前言

随着国家政策扶持力度的不断加大、相关技术的日趋成熟，智能网联汽车作为我国汽车产业未来发展的战略方向，进入快速发展通道。各大汽车企业纷纷加大智能网联汽车的研发投入，对于智能网联人才需求也更加迫切，培养社会适需的技术技能人才是智能网联汽车发展的重要基础。

为深入贯彻落实《国家职业教育改革实施方案》，积极推动“学历证书+若干职业技能等级证书”制度，满足我国对于汽车行业智能网联人才的需求，中德诺浩依托自身在汽车领域的专业优势，结合多年教学和实践经验研发了《智能网联汽车检测与运维职业技能等级标准》，并以此为基础，编写了本书。

本教材具有以下特色和优势：

1. 源于企业，典型案例。以企业一线智能网联汽车检测与运维典型工作任务为案例，培养岗位技能，实现与企业用人需求无缝对接。

2. 理论与实际相结合，重视素养。以行为导向为主导模式，将知识、技能、素养有机结合，以学生为本位，重视个体职业行为的培养。

3. 内容前瞻，资源丰富。教材内容具备时代性和前瞻性，紧跟智能网联汽车的发展步伐，且配备丰富的数字化、碎片化信息资源。

4. 图文并茂，主题鲜明。教材内容主题明确，且集图、文、表于一体，为学生提供多种形式的学习资源。

5. 色彩清新，活页装订。版面简洁清晰，颜色丰富，且采用活页装订，方便文本拆装。

本书由中德诺浩（北京）教育科技股份有限公司主持编写，并得到了各企业、院校、行业专家的大力支持。由于智能网联技术发展迅猛，涉及的内容具有很强的时效性，加之编写时间仓促及编者水平有限，书中难免存在疏漏之处，敬请广大读者朋友批评指正。

中德诺浩（北京）教育科技股份有限公司

2020 年 7 月

目录

领域一
智能网联汽车PDI及售后预检

一、领域性质

智能网联汽车PDI及售后预检是“智能网联汽车检测与运维（初级）”的第一个学习领域。该领域的课程是智能网联汽车检测与运维的基础知识与技能课程，通过本领域的学习，能够掌握智能网联汽车售后预检、高级驾驶辅助系统（ADAS）运维、智能座舱系统运维等技能，并为后续学习领域打下坚实基础。

二、领域目标

1. 能够依据车辆售后服务接待规范，结合客户需求，合理运用专业话术与客户沟通，独立完成客户接待及预检工作。

2. 能够根据智能网联汽车ADAS的性能要求与运维流程，结合车辆状况，完成车辆ADAS功能检查与维护作业。

3. 能够根据智能座舱系统的性能要求与运维流程，结合车辆状况，完成智能座舱系统功能检查与维护作业。

三、领域内容

本领域包括客户服务接待、高级驾驶辅助系统（ADAS）运维、智能座舱系统运维三个任务。

客户服务接待分为仪容仪表与着装、故障问诊、车辆预检等内容；高级驾驶辅助系统（ADAS）运维包括ADAS认知自动制动辅助系统运维、自适应巡航控制系统运维、车道保持辅助系统运维、自动泊车辅助系统运维等内容；智能座舱系统运维包括人机交互系统运维、疲劳驾驶预警系统维护和智能座椅运维等内容。

任务一　客户服务接待

1. 任务信息

1.1　任务导入

时间：2019 年 9 月。

场景：某品牌 4S 店。

人物：小刘（技师）。

情节：客户车辆经常发生间歇性故障，于是将车辆开到 4S 店寻求解决方法，小刘需对客户进行专业服务。

1.2　任务要求

- 能够结合客户需求，独立完成客户服务接待前的物料准备工作。
- 能够根据仪容仪表与着装标准，规范个人仪容仪表与着装。
- 能够结合客户特征，运用合适的问诊话术与客户沟通，准确获知客户需求。
- 能够根据客户需求，使用合适的工具设备，按照标准流程完成车辆预检。

2. 任务实施

2.1　仪容仪表与着装

2.1.1　知识学习

（1）仪容仪表要求

在服务客户过程中，需要规范的个人形象以保证整体服务质量。仪容仪表标准见表 1–1。

表 1–1　仪容仪表标准

序号	内容	标准	备注
1	头发	头发按时清洗，保持干净清爽无异味，要求前不覆额，侧不遮耳、后不触领	
2	耳朵	耳朵内外干净无异物	
3	眼睛	眼睛有神，眼角上不应有分泌物	
4	鼻子	鼻毛不可以露出鼻孔	
5	牙齿	牙齿干净，口中不可留有异物、异味	

续表

序号	内容	标准	备注
6	胡须	胡须刮干净或修整齐	
7	指甲	双手保持清洁，指甲修剪整齐	
8	身体	经常洗澡，保持清爽无异味	

（2）着装要求

在服务客户的过程中，服务人员着装应遵循简洁大方的原则，具体着装标准见表 1-2。

表 1-2　着装标准

序号	标准	备注
1	无特殊事由需统一穿着公司制式服装，最好穿连体工服	
2	着装穿戴要整洁、得体、大方，避免出现掉扣、错扣、脱线等情况	
3	工作期间不得挽袖口、卷裤腿、披衣、敞怀	
4	着装要求三紧，即领袖口紧、下摆紧、裤脚紧	
5	不得穿凉鞋、拖鞋，应穿绝缘、防滑、硬头的劳保鞋，以防物体砸伤脚面	
6	不得佩戴金属饰物，特别是项链与钥匙扣	
7	工作期间将工牌佩戴于外衣左胸上方，无明显倾斜，无遮挡	

2.1.2　技能演练

（1）操作准备

准备演练所需要的物品，包括仪容镜、工服、劳保鞋、工牌等。

（2）仪容仪表与着装演练

根据仪容仪表标准和着装标准进行个人形象演练，并将演练过程记录在表 1-3 中。

表 1-3　仪容仪表与着装记录表

检查项目	检查表
仪容仪表	
头发仪容仪表是否符合要求	是□　否□
耳朵仪容仪表是否符合要求	是□　否□
眼睛仪容仪表是否符合要求	是□　否□
鼻子仪容仪表是否符合要求	是□　否□
牙齿仪容仪表是否符合要求	是□　否□
胡须仪容仪表是否符合要求	是□　否□
手部仪容仪表是否符合要求	是□　否□
着装	
服装是否整洁得体	是□　否□
是否挽袖口、卷裤腿、披衣、敞怀	是□　否□
是否领袖口紧、下摆紧、裤脚紧	是□　否□
是否穿戴绝缘、防滑、硬头的劳保鞋	是□　否□
是否佩戴金属饰物	是□　否□
工牌佩戴是否合理	是□　否□

2.2　故障问诊

2.2.1　知识学习

（1）问诊的定义

问诊指技师对客户进行系统而有目的的询问，并依据询问的结果，对车辆状态进行初步诊断。问诊有助于技师更加全面地了解车辆故障详情，缩短故障判别时间，减少时间成本，提高客户满意度。正确有效的问诊方法会使问诊过程更加简捷有效。维修人员能够准确地提出问题，对于发现问题和解决问题尤为重要。

因此维修人员在接收故障车时，先要按照一定的技巧引导驾驶人将故障发生时及故障发生前、后的详细情况全面、细致地说出来。问诊的方法有很多，正确的问诊还涉及服务人员是否充分听取驾驶人的意见、要求，是否正确掌握驾驶人提出的需求等，其中较为常用的为 5W2H 问诊法。

（2）5W2H 问诊特点

5W2H 分析法又叫七问分析法，是在第二次世界大战时由美国陆军兵器修理部首创。5W2H 分析法简单、方便，易于理解、使用，富有启发意义，广泛用于技术活动，对于决策和执行性的活动措施也非常有帮助，并且有助于弥补考虑问题时的疏漏。其发明者用 5 个 W 开头和 2 个 H 开头的英语单词进行提问，了解掌握故障发生时的详细情况，发现和排除故障的线索，从而提高故障判断与排除的效率和准确率，如图 1–1 所示。

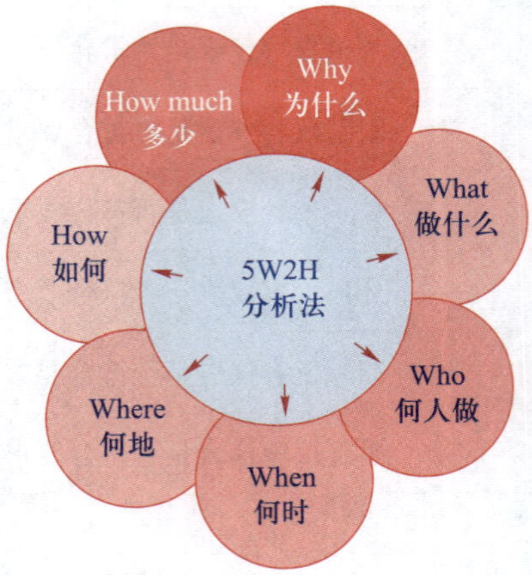

图 1–1　5W2H 分析法

（3）5W2H 问诊方法

维修人员可根据实际故障类型，并结合 5W2H 问诊方法，采用合适的提问技巧来确定实际问诊内容，一般来说问题可分为两种类型，开放性问题和封闭性问题。开放性问题要求的是给对方一个很大的自由空间来决定该如何回答问题。5W2H 问诊内容可参考表 1–4。

表 1–4　5W2H 问诊内容参考

关键词	内容	备注
When	故障发生的时间	—
Where	故障发生的地点	什么路况
Who	故障发生时驾驶人	—
What	故障发生时详细状况	什么工况、功能件工作状态
Why	故障发生的原因	是否做过其他维修，保养，改装等
How	故障怎么发生的	驾驶人是否有简单、依靠直觉的感觉或判断
How much	故障发生多久了或发生频率	—

问诊过程中尽量多使用开放式提问的方法，避免先入为主。如果预先设定立场，采用封闭式的问题询问驾驶人，就容易产生判断失误。如果驾驶人能够正确地描述故障现象，则维修人员需要边听、边记录、边思考总结。需要注意的一点是，大多数驾驶人的车辆知识较少，有时候开放式问题会使其花很多时间表述与车辆故障没有关系的细节信息，这时候维修人员要及时引导驾驶人回到 5W2H 的轨道上来。提问案例见表 1–5。

表 1-5 5W2H 问诊案例

<table>
<tr><td>故障描述</td><td colspan="2">客户来店抱怨某智能网联汽车车辆左前部有异响</td></tr>
<tr><td rowspan="4">开放式提问</td><td>您的车辆异响是您本人发现的吗</td><td rowspan="4">目的：收集有效信息，当获得相关有用信息后，可以采用封闭式的问题进行总结和确认</td></tr>
<tr><td>具体是哪个部位发出异响的，是哪种响声</td></tr>
<tr><td>是在什么时间发生异响的，有多长时间了</td></tr>
<tr><td>是在什么路面发生异响的</td></tr>
<tr><td rowspan="2">封闭式提问</td><td>您的车辆在平路或者颠簸路面，转弯或原地打方向时左前轮附近有异响，是吗</td><td rowspan="2">目的：根据所获得的信息，结合专业知识得出合理结论，并与客户确认</td></tr>
<tr><td>这种现象持续了一个月时间了是吗</td></tr>
</table>

2.2.2 技能演练

采用 5W2H 问诊方法进行实操演练，并将演练过程记录在表 1-6 中。

表 1-6 演练过程记录表

检查项目	检查记录
语音、语调是否自然流畅	是□ 否□
询问时是否直视客户	是□ 否□
是否有开放式提问	是□ 否□
是否有封闭式提问	是□ 否□
询问内容是否包含“When”	是□ 否□
询问内容是否包含“Where”	是□ 否□
询问内容是否包含“Who”	是□ 否□
询问内容是否包含“What”	是□ 否□
询问内容是否包含“Why”	是□ 否□
询问内容是否包含“How”	是□ 否□
询问内容是否包含“How much”	是□ 否□

2.3 车辆预检

2.3.1 知识学习

（1）预检的定义

通常 4S 店会把车辆进入售后需要完成的服务分为三个阶段：第一，科学检测，即车辆预检；第二，规范施工，即车间维修；第三，满意交车，即结算交车。

车辆预检是对车辆基本状态进行检查，车辆预检是整个售后工作的开始，也是保证车辆维修过程一次性合格的基础，更是提升客户满意度的重要途径之一。预检的意义有：为快速的维修、交车做保证；对用户不了解的隐患和故障及早发现和排除；减少不合理的维修次数，增加单次维修效率；体现专业化服务，增强客户的信任感。

（2）预检内容

预检首先应检查客户描述中最主要的修理项目，其次是对本次维修相关联的部分进行检查，最后是按照车辆外观、轮胎、发动机舱、灯光、刮水器等的顺序依次进行检查。

2.3.2 技能演练

（1）操作准备

准备车辆预检所需要的工具与防护设备，见表 1–7。

表 1–7 操作准备

类别	所需物料
车辆防护	翼子板布、格栅布、车内防护用品
测试仪器、设备	举升机、工具套装

（2）车辆预检

对车辆进行预检，并将检查详情记录在表 1–8 中。

表 1–8 车辆预检记录表

序号	分类	检查项目	检查结果
1	外观	整车漆面是否有划痕、碰撞	是□ 否□
2		前、后风窗玻璃及侧风窗玻璃是否完好	是□ 否□
3	轮胎	检查轮胎气压是否正常	是□ 否□
4		检查轮胎是否有异常磨损	是□ 否□
5	发动机舱	检查发动机空气滤清器是否脏污	是□ 否□
6		检查发动机防冻液液位是否正常	是□ 否□
7		检查蓄电池电压是否正常	是□ 否□
8		检查制动液液位是否正常	是□ 否□
9		检查风窗玻璃洗涤液液位是否正常	是□ 否□

续表

序号	分类	检查项目	检查结果
10	其他	检查车辆外部灯光是否正常	是□　否□
11		检查仪表灯及组合开关是否正常	是□　否□
12		检查刮水器是否正常	是□　否□
13		检查刮水系统的喷水器是否正常	是□　否□

3. 任务总结

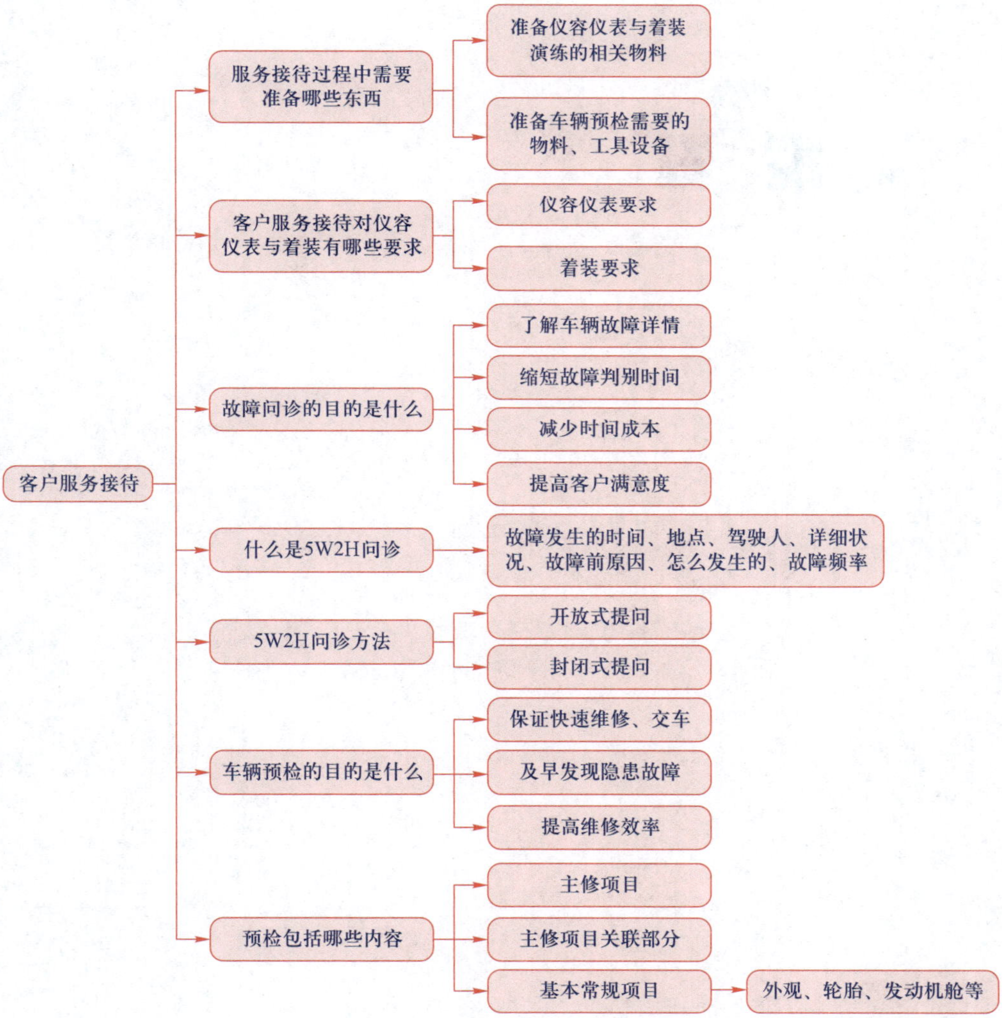

任务二　高级驾驶辅助系统(ADAS)运维

1. 任务信息

1.1　任务导入

时间:2019 年 10 月。

场景:售后维修中心。

人物:小张(技师)。

情节:客户到售后维修中心做首保,其他保养内容已经做完,小张需要对车辆进行 ADAS 功能运行检查与维护。

1.2　任务要求

- 能够根据 ADAS 的性能要求与检测方法,结合车辆配置进行运维工作准备。
- 能够按照标准流程,结合车辆状况,完成 ADAS 各功能运行检查。
- 能够根据标准流程,与他人合作,完成 ADAS 各系统的维护作业。
- 能够依据《汽车售后服务规范》和车辆出厂规定,利用专业知识,解答客户疑问。

2. 任务实施

2.1　ADAS 认知

(1)智能汽车和智能网联汽车

1)智能汽车

智能汽车是在一般汽车上增加雷达、摄像头等先进传感器、控制器、执行器等装备,通过车载环境感知系统和信息终端实现与车、路、人等的信息交换,使车辆具备环境智能感知能力,能够自动分析车辆的行驶状态,并使车辆按照人的意愿到达目的地,最终实现代替人来操作的目的。

智能汽车是智能交通的重要组成部分,智能汽车的初级阶段是具有高级驾驶辅助系统(Advanced Driving Assistant System, ADAS)的汽车,最终目标是无人驾驶汽车。

智能汽车与网络相连便成为智能网联汽车。

2)智能网联汽车

智能网联汽车(Intelligent Connected Vehicle, ICV)是指车联网与智能汽车的有机结合,是搭载先进的车载传感器、控制器、执行器等装置,并融合现代通信与网络技术，实现车与人、车、路、后台等智能信息交换共享，实现安全、舒适、节能、高效行驶，并最终可代替人来操作的新一代汽车。

智能网联汽车体系是一种跨技术、跨产业领域的新兴汽车体系，各国对智能网联汽车的定义不完全相同，但终极发展目标是一致的，即让智能网联汽车成为能够上路安全行驶的无人驾驶汽车。智能网联汽车如图 2-1 所示。

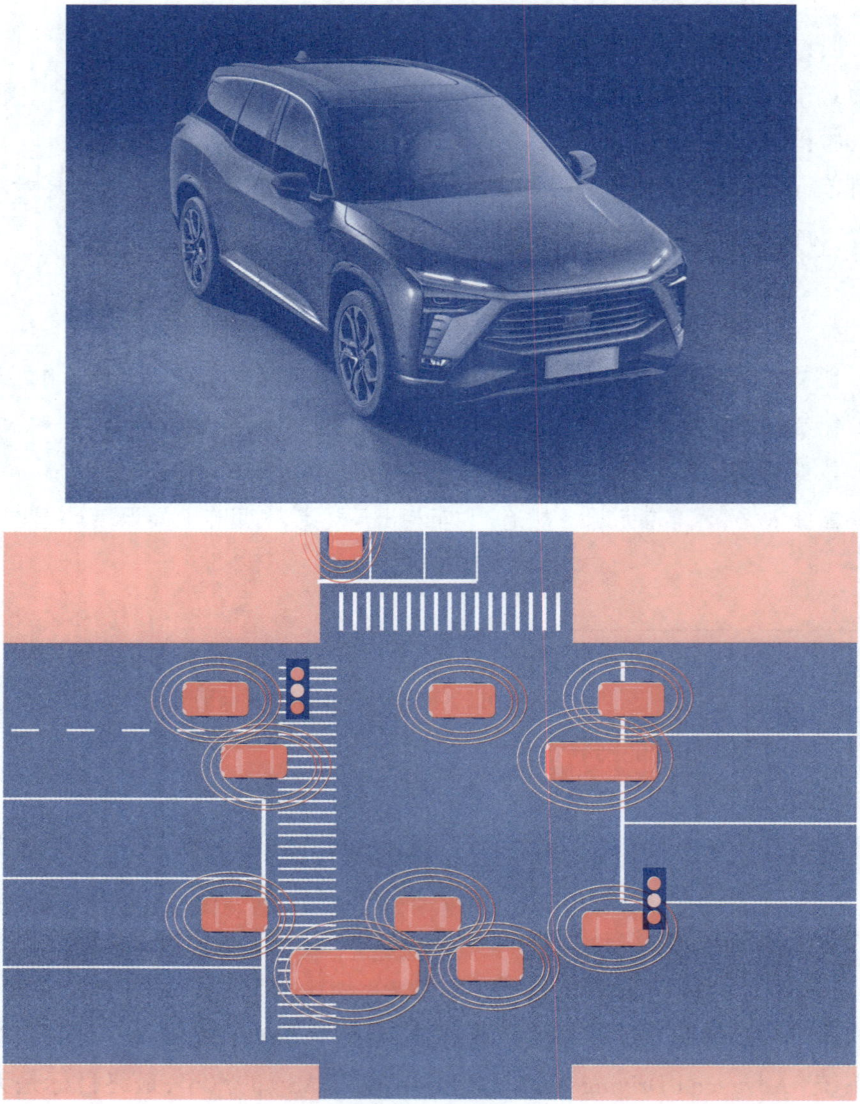

图 2-1　智能网联汽车

3）智能网联汽车的技术路线

智能网联汽车的技术路线主要分为基于传感器的自主式技术路线和基于车辆互联的网联式技术路线两种，如图 2-2 所示。

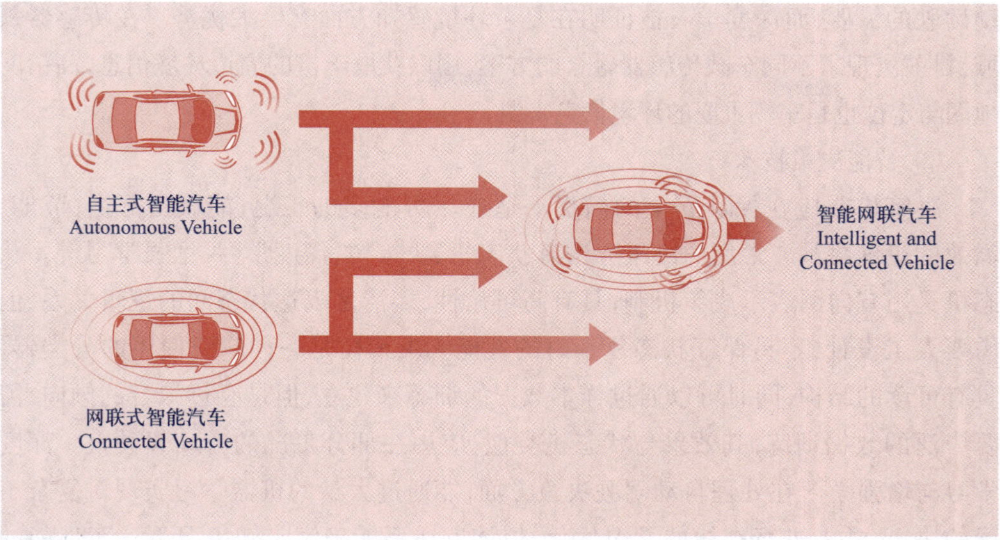

图 2-2　自主式技术路线和网联式技术路线

自主式技术路线基于先进传感器技术与传统汽车制造业的深度融合，使用先进的传感器（如多目摄像机和雷达），并结合驱动器、控制单元以及软件，形成先进驾驶辅助系统（Advanced Driving Assistant System，ADAS），使得汽车能够监测和应对周围的环境。该路线的推动者是传统汽车整车企业，如奔驰、宝马、通用、福特等汽车公司的 ADAS 已经能向驾驶人提供不同程度的辅助功能，但目前还无法提供完整的无人驾驶体验。

基于车辆互联的网联式技术路线表现为互联网思维对传统汽车驾驶模式的变革，推动者主要是以谷歌、苹果等为代表的互联网企业，国内的百度、腾讯等互联网企业也已经掌握了相当多的核心技术。这类企业重点开发车载信息系统，使用无线通信技术实现车辆与车辆（V2V）、车辆与道路基础设施（V2I）之间的实时通信。该方案对道路基础设施要求较高。

自主式技术路线难以实现 V2V、V2I 的通信，网联式技术路线无法实现车辆与行人（V2P）之间的通信，都有一定的局限性。在智能网联汽车上，自主式和网联式技术路线将走向技术融合，通过优势互补，提供安全性更好、自动化程度更高、使用成本更低的解决方案。

智能网联汽车的技术架构涉及的关键技术主要有以下 6 种。

① 环境感知系统。

环境感知系统的任务是利用摄像头、雷达、超声波等主要车载传感器以及 V2X 通信系统感知周围环境，通过提取路况信息、检测障碍物，为智能网联汽车提供决策依据。由于车辆行驶环境复杂，当前感知技术在检测与识别精度方面还无法满足自动驾驶的需要，而深度学习被证明在复杂环境感知方面有巨大优势。在传感器领域，目前出现了不同车载传感器融合的方案，用以获取丰富的周边环境信息，高精度地图与定位也是车辆重要的环境信息来源。

② 智能决策技术。

决策机制应在保证安全的前提下适应尽可能多的工况，能做出舒适、节能、高效的正确决策。常用的决策方法有状态机、决策树、深度学习、增强学习等。状态机是用有向图表示决策机制，具有高可读性，能清楚表达状态间的逻辑关系，但需要人工设计，不易保证状态复杂时的性能。决策树是一种广泛使用的分类器，具有可读的结构，同时可以通过样本数据的训练来建立，但是有过拟合的倾向，需要广泛的数据训练，其效果与状态机类似，应用在部分工况的自动驾驶上。深度学习与增强学习在处理自动驾驶决策方面，能通过大量的机器学习实现对复杂工况的决策，并能进行在线的学习优化，但该方法不能确定未知工况下汽车性能的好坏。

③ 控制执行技术。

控制系统的任务是控制车辆的速度与行驶方向，使其按照规划的速度曲线与路径行驶。现有自动驾驶功能多数针对常规工况，较多采用传统的控制方法，其性能可靠、计算效率高，已在主动安全系统中得到应用。现有控制器如何提高工况适应性是一个技术难点，可根据工况参数进行控制器参数的适应性设计。在控制领域中，多智能体系统是由多个具有独立自主能力的智能体通过一定的信息拓扑结构相互作用而形成的一种动态系统。用多智能体系统方法来研究车辆队列，可以显著降低油耗、改善交通效率以及提高行车安全性。

④ V2X 通信技术。

车载通信的模式依据通信的覆盖范围可分为车内通信、车际通信和广域通信。车内通信已经从蓝牙技术发展到 WiFi 技术和以太网通信技术；车际通信包括专用的短程通信技术和正在建立标准的车间通信长期演进技术；广域通信指采用 4G/5G 技术进行车载长距离无线通信。通过网联无线通信技术，车载通信系统将会更有效地获得驾驶人信息、汽车自身姿态信息和汽车周边的环境数据，并对其进行整合与分析。通信与平台技术的应用，极大地提高了车辆对于交通与环境的感知范围，为基于云控平台的汽车节能技术的研发提供了支撑条件。车辆通过车与云平台的通信将其位置信息及运动信息发送至云端，云端控制器结合道路信息以及交通信息对车辆速度和挡位等进行优化，以提高车辆燃油经济性并提高交通效率。

⑤ 云平台与大数据技术。

云平台与大数据技术包括云平台架构与数据交互标准、云操作系统、数据高效存储和检索技术、大数据关联分析和深度挖掘技术等。

⑥ 信息安全技术。

信息安全技术是结合智能网联汽车发展实际，确定网联数据管理对象并实行分级管理，建立数据存储安全、传输安全、应用安全三维度的数据安全体系，建立包括云安全、管安全、端安全在内的数据安全技术框架，制定智能网联数据安全技术标准。信息安全技术领域的周边行业，已经出现了很多创新研究方向，例如在信息安全测试评估方面，出现了通过干扰车辆的通信设备、雷达和摄像头等车载传感设备，进行智能车的信息安全的攻防研究。

智能网联汽车是一种跨技术、跨产业领域的新兴汽车体系，涉及关键技术众多，人才极度紧缺。传感器技术是智能网联汽车的基础，智能网联汽车只有精确地感知汽车运行状态和行驶环境，才能进行智能控制，因此掌握智能汽车传感器技术意义重大。

（2）ADAS 高级驾驶辅助系统

ADAS 是多种辅助驾驶功能的统称，是指利用安装在车上的各式各样传感器（毫米波雷达、激光雷达、单\双目摄像头以及卫星导航等），在汽车行驶过程中随时来感应周围的环境，收集数据，进行静态、动态物体的辨识、侦测与追踪，并结合导航仪地图数据，进行系统的运算与分析，从而预先让驾驶人察觉到可能发生的危险，有效增加汽车驾驶的舒适性和安全性。

（3）ADAS 发展现状及结构组成

1）汽车驾驶自动化分级

智能汽车是按一定技术分级逐步实现的，世界上各个国家的分级是不完全相同的。我国智能网联汽车的技术分级参考了美国汽车工程学会（SAE）的标准，划分为 L0–L5 级共 6 级。2020 年 1 月工业和信息化部发布了《汽车驾驶自动化分级》国家标准，拟从 2021 年 1 月 1 日起实施，具体分级情况如下。

① L0 级驾驶自动化（应急辅助）。

车辆的自动驾驶系统虽然不能控制汽车的转向或加减速，但是具备一定的路况识别和反应能力，比如能够在危险出现的时候提醒驾驶人。当出现故障时，汽车将由驾驶人负责接管，在驾驶人请求退出自动驾驶状态时，汽车能立即解除系统的控制权。此外，0 级自动驶仅在某些条件下才能实现。按照上述规定，FCW 前部碰撞预警和 LDW 车道偏离预警功能都可归类于 0 级自动驾驶。

② L1 级驾驶自动化（部分驾驶辅助）。

L1 级自动驾驶汽车和 L0 级自动驾驶汽车一样，都属于有限制条件的自动驾驶，且当汽车出现故障时都需要驾驶人来控制车辆。不同之处在于，L1 级自动驾驶汽车的自动化系统能够在驾驶人的协助下，对车辆的方向或加减速进行控制。换言之，LI 级自动驾驶可具备 ACC 自适应巡航或者 LKA 车道保持辅助功能。

③ L2 级驾驶自动化（组合驾驶辅助）。

在自动驾驶系统所规定的运行条件下，车辆本身能够控制汽车的转向和加减速运动。在汽车出现故障时，驾驶人将负责执行汽车的驾驶任务。和L1级自动驾驶相比，L2级自动驾驶将拥有ICC集成式巡航辅助功能（即同时具备自适应巡航控制功能和车道保持辅助功能）。

④ L3级驾驶自动化（有条件自动驾驶）。

在自动驾驶系统所规定的运行条件下，车辆本身就能完成转向和加减速以及路况探测和反应的任务。对于L3级自动驾驶汽车，驾驶人需要在系统失效或者超出工作条件时对故障汽车进行接管。由此，属于L3级自动驾驶的汽车将有条件实现TJP交通拥堵辅助功能。

⑤ L4级驾驶自动化（高度自动驾驶）。

L4级自动驾驶汽车仍属于有限制条件的自动驾驶，但是汽车的方向和加减速控制、路况观测和反应，以及汽车故障时的接管任务都能够由自动驾驶系统完成，不需要驾驶人参与。而按照这一界定，无人出租车便属于L4级自动驾驶。

⑥ L5级驾驶自动化（完全自动驾驶）。

L5级自动驾驶汽车和L4级自动驾驶汽车能够实现的基本功能相同，但L5级自动驾驶汽车不再有运行条件的限制（商业和法规因素等限制除外），同时自动驾驶系统能够独立完成所有的操作和决策。

2020年2月，国家发改委等11个部委联合发布《智能汽车创新发展战略》，提出到2025年中国标准智能汽车相关体系基本建成，实现有条件自动驾驶的智能汽车达到规模化生产，高度自动驾驶的智能汽车在特定环境下市场化应用；2035年至2050年，中国标准智能汽车体系全面建成，智能汽车强国愿景逐步实现，智能汽车充分满足人民日益增长的美好生活需要。

2）自动驾驶技术发展现状

自动驾驶是一个复杂的软硬件结合的系统，主要分为感知定位、决策规划、控制执行三大技术模块。感知模块主要是通过摄像头、雷达等高精度传感器，为自动驾驶提供环境信息；决策模块是依据感知系统提供的车辆定位和周边环境数据，在平台中根据适当的模型进行路径规划等决策；控制模块是以自适应控制和协同控制方式，驱动车辆执行相应命令动作。图2-3所示为典型自动驾驶系统架构框图。

① 感知定位。

环境感知与识别能力是自动驾驶车辆安全、自主、可靠行驶的前提和基础。自动驾驶车辆的环境感知系统利用各种主动、被动传感器获取周围环境的信息，对传感器数据进行处理、融合、理解，实现无人驾驶车辆对行驶环境中的障碍物、车道线以及红绿灯等的检测，给车辆的自主导航和路径规划提供依据。

图2-4所示为博世公司的自动驾驶传感器布置图。

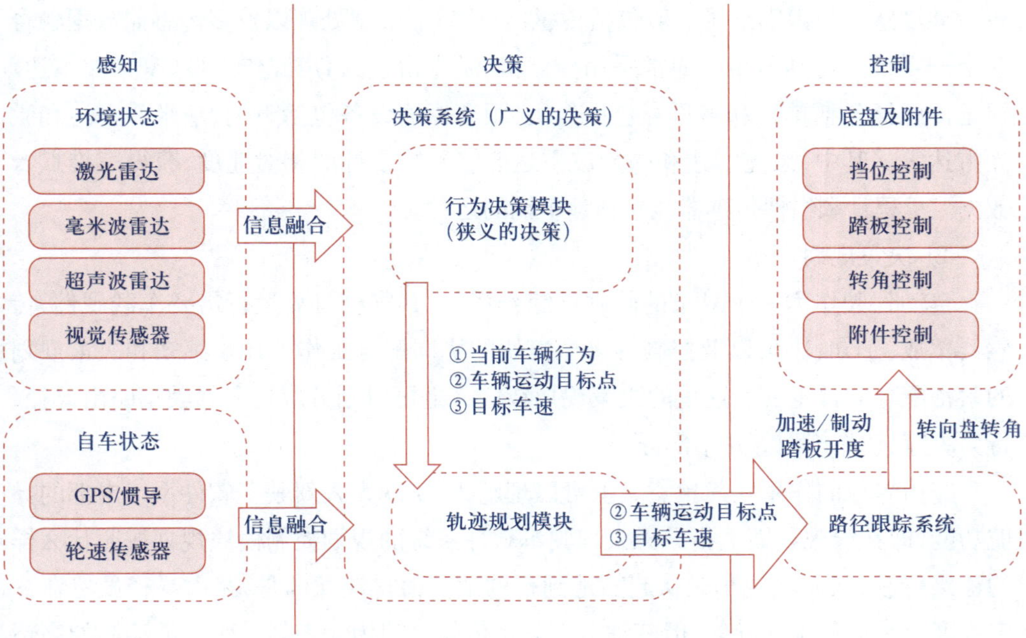

图 2-3　典型自动驾驶系统架构

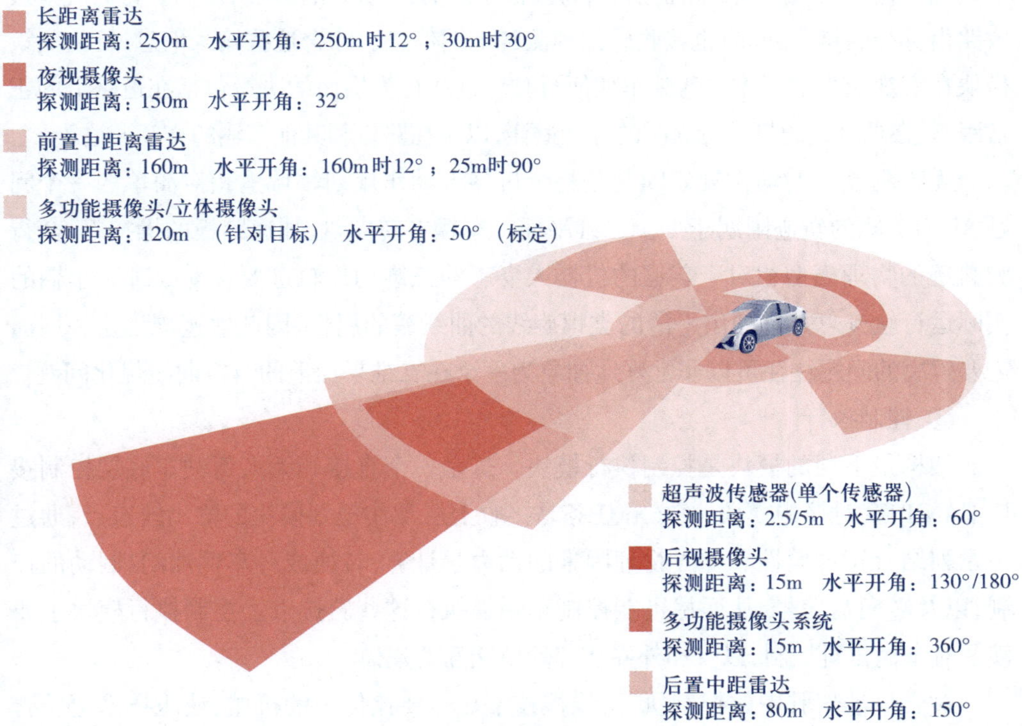

图 2-4　博世公司的自动驾驶传感器布置图

环境感知与识别系统一般包括传感器、传感器数据处理以及多传感器数据融合三个子系统。传感器系统通常采用摄像机、激光雷达、超声波传感器、毫米波雷达。视觉传感器包括单目和多目彩色摄像机，距离探测设备包括声呐、毫米波雷达和激光雷达等。其中，激光雷达和毫米波雷达能够测得目标的相对速度，获得三维点云数据。里程计和惯性传感器能够估计车辆的运动。

② 决策规划。

自动驾驶作为一个复杂的软硬件综合系统，其安全可靠运行需要车载硬件、传感器集成、感知、决策以及控制等多个模块的协同配合工作。环境感知和决策规划的紧密配合非常重要。这里的决策规划在广义上可以划分成无人驾驶车路由寻径、行为决策、动作规划等几个部分。

路由寻径的作用在简单意义上可以理解为，实现无人驾驶车软件系统内部的导航功能，即在宏观层面上指导无人驾驶车软件系统的规划控制模块规划按照什么样的道路行驶，从而实现车辆从起始地到目的地。值得注意的是，路由寻径虽然在一定程度上类似传统的导航，但其细节上紧密依赖专门为无人驾驶车导航绘制的高精地图，和传统的导航有本质不同。

路由寻径模块产生的路径信息，直接被下游的行为决策模块所使用。行为决策接收路由寻径的结果，同时也接收感知预测和地图信息。综合这些输入信息，行为决策模块在宏观上决定了无人驾驶车如何行驶。这些行为层面的决策包括在道路上的正常跟车，在遇到交通灯和行人时的等待避让，以及在路口和其他车辆的交互通过等。

无人驾驶车的动作规划问题是整个机器人动作规划领域里相对简单的一个问题，因为车辆的轨迹附属于一个二维平面。车辆在转向盘、加速踏板的操控下，其行驶轨迹的物理模型相对于普通的机器人姿态的三维动作轨迹要容易处理。车辆的实际运行轨迹总是呈现出平滑的类螺旋线的曲线簇的属性，因此轨迹规划这一层面需要解决的问题往往可以非常好地抽象为一个在二维平面上的时空曲线优化问题。

③ 控制执行。

架构最下层的模块是控制执行模块。这是一个直接和无人驾驶车底层控制接口 CAN BUS 对接的模块，其核心任务是接收上层动作规划模块的输出轨迹点，通过一系列结合车身属性和外界物理因素的动力学计算，转换成对车辆油门、制动的控制，以及转向盘信号，从而尽可能控制车辆去执行这些轨迹点。控制执行模块主要涉及对车辆自身控制，以及和外界物理环境交互的建模。

对于自动驾驶中的控制执行，线控技术显然要比传统的机械、液压技术更受青睐，目前较为成熟的自动驾驶车辆基本都是在线控应用高度成熟的车辆平台升级改造出来的。从概念上说，汽车线控技术是将驾驶人的操纵动作经过传感器变成电信号，通过电缆直接传输到执行机构的一种控制系统。汽车的线控系统主要包含线控转向系统、线控油门系统、线控制动系统、线控悬架系统、线控换挡系统以及线控增压系统等。通过分布在汽车各处的传感器实时获取驾驶人的操作意图和汽车行驶过程中的各种参数信息，传递给控制器；控制器对这些信息进行分析和处理，得到合适的控制参数并传递给各个执行机构，从而实现对汽车的控制，提高车辆的转向性能、动力性能、制动性能，增强行驶平顺性。

但目前，关于自动驾驶执行控制技术的公开资料较少，主要原因是这部分技术掌握在主流供应商和主机厂手中，并且被垄断。目前汽车配件供应商提供的执行控制产品都会做成一个“黑盒子”，控制协议基本付费才能公开。控制接口的开放程度直接影响汽车操控的可调程度。

（4）ADAS 系统分类

ADAS 在国内起步较晚，目前安装率较低，但正逐步由高端车型向中、低端车型渗透。传统汽车厂商、互联网厂商均开始大力投资智能汽车的研发，这也提高了 ADAS 渗透率。

ADAS 一般包括自动制动辅助（Autonomous Emergency Braking，AEB）、自适应巡航控制（Adaptive Cruise Control，ACC）、车道保持辅助（Lane Keeping Assist，LKA）、自动泊车辅助（Automated Parking Assist，APA）、夜视系统（Night Vision System，NVS）、盲点探测（Blind Spot Detection，BSD）等。

（5）车辆 ADAS 功能认知

根据实训车辆情况，并结合用户手册，查找车辆具备哪些高级驾驶辅助功能，并判断车辆的驾驶自动化等级，将相关结果填写在表 2-1 中。

表 2-1　高级驾驶辅助系统功能检查记录表

高级辅助驾驶功能（勾选）	自动制动辅助 AEB	□	自适应巡航控制 ACC	□
	车道保持辅助 LKA	□	自动泊车辅助 APA	□
	FCW 前部碰撞预警	□	LDW 车道偏离预警	□
	夜视系统 NVS	□	盲点探测 BSD	□
汽车驾驶自动化等级（勾选）	L0 级驾驶自动化	□	L1 级驾驶自动化	□
	L2 级驾驶自动化	□	L3 级驾驶自动化	□

2.2　自动制动辅助系统运维

2.2.1　知识学习

（1）自动制动辅助系统定义

自动制动辅助（Autonomous Emergency Braking，AEB）是指车辆在非自适应巡航的情况下正常行驶，如遇到突发危险情况或与前车及行人距离小于安全距离时主动进行制动，避免或减少追尾等碰撞事故的发生，从而提高行车安全性的一种汽车主动安全技术。

（2）自动制动辅助系统结构组成

自动制动辅助系统一般由信息采集模块、控制模块和执行模块等组成。信息采集模块包括测距传感器、车速传感器、加速踏板位置传感器、制动传感器、转向传感器、路面选择按钮等。执行模块包括声光报警模块、LED 显示模块、自动减速模块、自动制动模块等。其中信息采集模块主要对行车环境进行实时检测，得到相关行车信息。控制模块依照一定的算法程序对车辆行驶状况进行分析计算，判断车辆所适用的预警状态模型。执行模块用来执行相应的动作，实现相应的车辆制动过程，如图 2-5 所示。

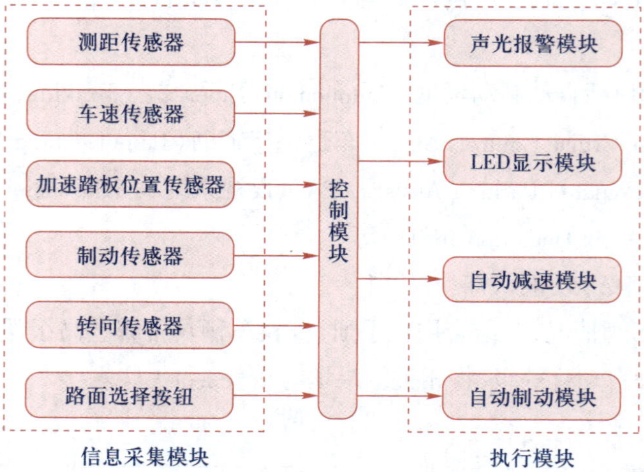

图 2-5　AEB 系统组成

（3）自动制动辅助功能检查方法

自动制动辅助功能检查主要分为四个步骤，首先是检查车辆是否能正常起动，其次是与 AEB 功能相关的按键检查，然后是 AEB 功能检查，最后是关闭车辆。其中功能检查主要检查与 AEB 功能相关的设置内容。如果按键控制形式为触摸控制，请注意保持手指与屏幕之间清洁与干燥，避免出现汗渍、水渍和油污等影响正常操作。

2.2.2　技能演练

根据自动制动辅助功能检查方法，检查车辆 AEB 功能，并将检查结果填在表 2-2 中。

表 2-2　AEB 功能检查步骤

序号	项目	内容	操作记录			维护说明
1	起动车辆	车辆能否正常起动	正常		□	1. 手指有水渍或汗液影响触控效果，保持触控手指与屏幕间干爽 2. 卡滞后请关闭点火开关，静止 3 min 后重新起动车辆 3. 如进行以上操作后依旧保持不正常状态，转至维修部门
			不正常		□	
2	按键检查	查找 AEB 相关按键位置	转向盘		□	
			中控台		□	
			中控屏		□	
		AEB 相关按键是否正常	物理按键	反馈清晰	□	
				不正常	□	
			触摸按键	灵敏、精准	□	
				不正常	□	
3	功能检查	进行系统灵敏度设置	能	二阶段灵敏度	□	
				三阶段灵敏度	□	
			不能		□	
4	关闭车辆	车辆能否正常关闭	正常		□	
			不正常		□	

2.3　自适应巡航控制系统运维

2.3.1　知识学习

（1）自适应巡航控制系统定义

自适应巡航控制（Adaptive Cruise Control，ACC）系统是一种舒适性驾驶辅助系统，可综合控制车速和车距。在笔直畅通的高速公路上驾驶时，自适应巡航控制系统可以实现不用脚踩加速踏板，而使车辆保持在设定的车速行驶。当正前方车辆的行驶速度小于本车设定的巡航车速时，则以设定的安全距离，跟随前车行驶，避免追尾事故的发生。

（2）自适应巡航控制系统结构组成

自适应巡航控制系统由信息采集模块、控制模块、执行模块和人机交互界面等组成。信息采集模块包括测距传感器、转速传感器、转角传感器、节气门位置传感器等；执行模块包括油门控制器、制动控制器、挡位控制器、转向控制器等；人机交互界面包括控制开关、状态显示器等。

信息采集模块主要向控制模块提供自适应巡航控制所需要的各种信息；人机交互界面用于驾驶人设定系统参数及系统状态信息的显示等；控制模块根据驾驶人所设定数据，结合信息采集模块传来的信息作出对车辆的控制策略；执行模块主要执行控制模块发出的指令，如图 2-6 所示。

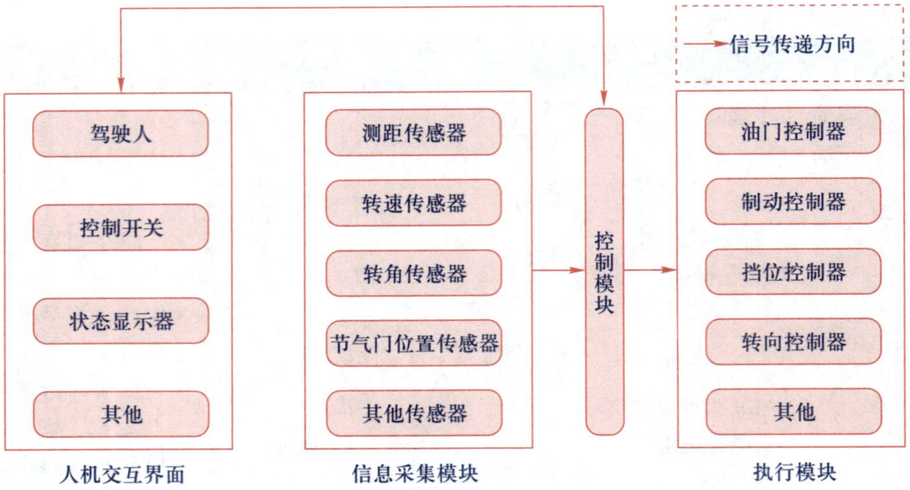

图 2-6　ACC 系统组成

（3）自适应巡航控制功能检查方法

自适应巡航控制功能检查主要分为四个步骤，首先是检查车辆是否能正常起动，其次是 ACC 相关按键检查，然后是 ACC 功能检查，最后是关闭车辆。其中按键检查主要检查与 ACC 设置相关的所有按键，包括 ACC 开关、车速设定、车距设定等按键。功能检查主要检查 ACC 设置内容，检查是否可以正常设置操作。如果部分内容无法正常设置，需关闭点火开关，静止 3 min 后重新起动车辆进行设置。

2.3.2　技能操作

根据自适应巡航控制功能检查方法进行检查，并将检查结果填在表 2-3 中。若操作后出现问题导致无法进行下一步骤，参照维护说明进行处理。

表 2-3　ACC 功能检查步骤

<table>
<tr><th>序号</th><th>项目</th><th>内容</th><th colspan="2">操作记录</th><th>维护说明</th></tr>
<tr><td rowspan="2">1</td><td rowspan="2">启动车辆</td><td rowspan="2">车辆能否正常起动</td><td colspan="2">正常 ☐</td><td rowspan="9">1. 手指有水渍或汗液影响触控效果，保持触控手指与屏幕间干爽
2. 卡滞后请关闭点火开关，静止 3 min 后重新起动车辆
3. 如进行以上操作后依旧保持不正常状态，转至维修部门</td></tr>
<tr><td colspan="2">不正常 ☐</td></tr>
<tr><td rowspan="7">2</td><td rowspan="7">按键检查</td><td rowspan="3">查找 ACC 相关按键位置</td><td rowspan="3">开关位置</td><td>转向盘 ☐</td></tr>
<tr><td>中控台 ☐</td></tr>
<tr><td>中控屏 ☐</td></tr>
<tr><td rowspan="4">ACC 相关按键是否正常</td><td rowspan="2">物理按键 ☐</td><td>反馈清晰 ☐</td></tr>
<tr><td>不正常 ☐</td></tr>
<tr><td rowspan="2">触摸按键 ☐</td><td>灵敏、精准 ☐</td></tr>
<tr><td>不正常 ☐</td></tr>
</table>

续表

序号	项目	内容	操作记录		维护说明
3	功能检查	能否正常设定车速	正常，车速设定为______		
			不正常	□	
		能否正常调节车距等级	正常，车距设定为______		
			不正常	□	
		能否正常解除ACC设定	正常	踩下制动踏板 □	
				按下解除按钮 □	
			不正常	□	
4	关闭车辆	车辆能否正常关闭	正常	□	
			不正常	□	

2.4 车道保持辅助系统运维

2.4.1 知识学习

（1）车道保持辅助系统定义

车道保持辅助（Lane Keeping Assist，LKA）通过前风窗玻璃上的摄像头识别车道分界线，可在驾驶人无意识偏离车道时，辅助驾驶人校正转向盘，从而减轻驾驶负担，防止发生交通事故。若系统检测到车辆在偏离车道线之前驾驶人打了转向灯，系统认定驾驶人有意识变道，则转向干预不会介入。

（2）车道保持辅助系统结构组成

车道保持辅助系统主要由信息采集模块、控制模块和执行模块组成。信息采集模块包括图像采集模块、车辆状态采集模块等；执行模块包括报警模块和转向盘操纵模块。信息采集模块主要通过多功能摄像头和车载传感器采集道路与车辆状态信息；控制模块主要对采集的信息进行分析、计算、判断等；执行模块按照控制单元的指令实施报警或转向盘操作，如图 2–7 所示。

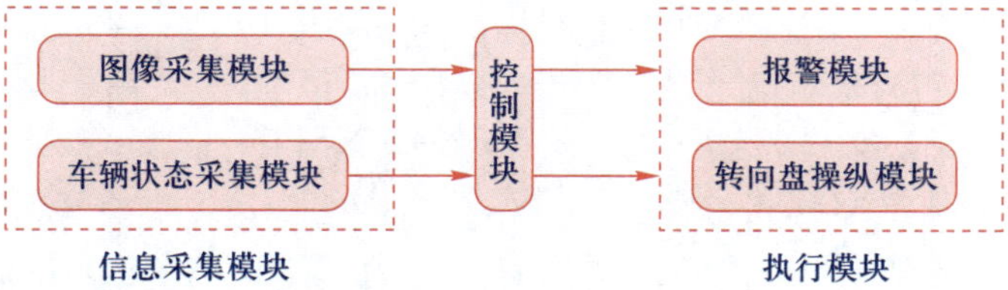

图 2–7　LKA 系统组成

（3）车道保持辅助功能检查方法

车道保持辅助系统功能检查分为四个步骤，起动车辆、按键检查、功能检查、关闭车辆。其中功能检查步骤检查系统能否正常进行模式选择。若按键无法正常进行选择需要转至维修部门进行故障维修。

2.4.2 技能演练

根据车道保持辅助功能检查方法进行检查,并将检查结果填在表 2-4 中,若操作后出现问题导致无法进行下一步骤,参照维护说明进行处理。

表 2-4 LKA 功能检查步骤

<table>
<tr><th>序号</th><th>项目</th><th>内容</th><th colspan="3">操作记录</th><th>维护说明</th></tr>
<tr><td rowspan="2">1</td><td rowspan="2">起动车辆</td><td rowspan="2">车辆能否正常起动</td><td colspan="2">正常</td><td>□</td><td rowspan="22">1. 手指有水渍或汗液影响触控效果,保持触控手指与屏幕间干爽
2. 卡滞后请关闭点火开关,静止 3 min 后重新起动车辆
3. 如进行以上操作后依旧保持不正常状态,转至维修部门</td></tr>
<tr><td colspan="2">不正常</td><td>□</td></tr>
<tr><td rowspan="7">2</td><td rowspan="7">按键检查</td><td rowspan="3">查找 LKA 相关按键位置</td><td colspan="2">转向盘</td><td>□</td></tr>
<tr><td colspan="2">中控台</td><td>□</td></tr>
<tr><td colspan="2">中控屏</td><td>□</td></tr>
<tr><td rowspan="4">LKA 相关按键是否正常</td><td rowspan="2">物理按键 □</td><td>反馈清晰</td><td>□</td></tr>
<tr><td>不正常</td><td>□</td></tr>
<tr><td rowspan="2">触摸按键 □</td><td>灵敏、精准</td><td>□</td></tr>
<tr><td>不正常</td><td>□</td></tr>
<tr><td rowspan="11">3</td><td rowspan="11">功能检查</td><td rowspan="3">选择车道保持系统模式</td><td rowspan="2">能</td><td>提醒 + 辅助</td><td>□</td></tr>
<tr><td>提醒</td><td>□</td></tr>
<tr><td colspan="2">不能</td><td>□</td></tr>
<tr><td rowspan="4">能否选择提醒方式</td><td rowspan="3">能</td><td>声音</td><td>□</td></tr>
<tr><td>震动</td><td>□</td></tr>
<tr><td>声音 + 震动</td><td>□</td></tr>
<tr><td colspan="2">不能</td><td>□</td></tr>
<tr><td rowspan="4">能否选择灵敏度</td><td rowspan="3">能</td><td>低</td><td>□</td></tr>
<tr><td>中</td><td>□</td></tr>
<tr><td>高</td><td>□</td></tr>
<tr><td colspan="2">不能</td><td>□</td></tr>
<tr><td rowspan="2">4</td><td rowspan="2">关闭车辆</td><td rowspan="2">车辆能否正常关闭</td><td colspan="2">正常</td><td>□</td></tr>
<tr><td colspan="2">不正常</td><td>□</td></tr>
</table>

2.5 自动泊车辅助系统运维

2.5.1 知识学习

（1）自动泊车辅助系统定义

自动泊车辅助（Automated Parking Assist，APA）系统又称为自动泊车入位，顾名思义就是汽车在没有人工干预的情况下，通过车载传感器（雷达、摄像头）和控制模块等，自动识别可用车位，并自动完成停车入位的系统。相比于传统的电子辅助功能，比如说倒车雷达、倒车影像显示等，自动泊车辅助系统智能化程度更高，减轻了驾驶人的操作负担，有效降低了泊车的事故率。

（2）自动泊车辅助系统结构组成

自动泊车辅助系统主要由信息采集模块、控制模块和执行模块组成。信息采集模块包括环境信息采集模块和车辆状态采集模块；执行模块包括转向盘操纵模块、加速控制器和制动控制器等。信息采集模块对路面环境和车辆位置等进行检测；控制模块将信息采集模块上传的数据进行分析处理后，做出自动泊车策略；执行模块负责精确控制转向盘的转动、加速踏板和制动踏板的运动，完成自动泊车，如图 2-8 所示。

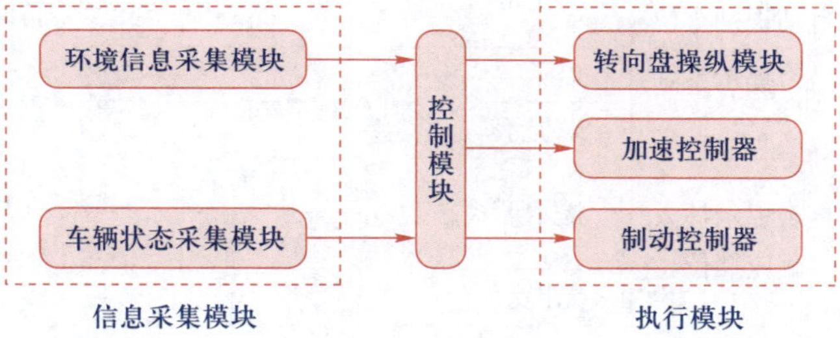

图 2-8 自动泊车辅助系统结构图

（3）自动泊车辅助系统检查方法

自动泊车辅助系统检查过程分为四个步骤，起动车辆、按键检查、功能检查和关闭车辆。其中功能检查步骤需要在系统执行过程中保持同步操作，包括泊车模式设置、车位识别、挡位跟进和车速控制等。

2.5.2 技能演练

根据自动泊车辅助功能检查方法进行检查，并将检查结果填在表 2-5 中，若操作后出现问题导致无法进行下一步骤，参照维护说明进行处理。

表 2-5 APA 功能检查步骤

序号	项目	内容	操作记录			维护说明
1	起动车辆	车辆能否正常启动	正常		□	1. 手指有水渍或汗液影响触控效果，保持触控手指与屏幕间干爽 2. 卡滞后请关闭点火开关，静止 3 min 后重新起动车辆 3. 如以上操作后依旧保持不正常状态，转至维修部门
			不正常		□	
2	按键检查	查找 APA 相关按键位置	转向盘		□	
			中控台		□	
			中控屏		□	
		APA 相关按键是否正常	物理按键 □	反馈清晰	□	
				不正常	□	
			触摸按键 □	灵敏、精准	□	
				不正常	□	
3	功能检查	进行泊车模式选择	平行车位		□	
			向后倒入垂直车位		□	
			向前驶入垂直车位		□	
			无泊车模式选项		□	
		从车位旁驶过，系统能否自动识别车位	正常		□	
			不正常		□	
		是否提示系好安全带	提示		□	
			未提示		□	
		是否提示挂入相应挡位	提示形式	语音提示	□	
				显示提示	□	
			无提示		□	
		是否提示松开制动踏板	提示		□	
			未提示		□	
		松开转向盘，系统接管转向操作	正常		□	
			不正常		□	
		踩下制动踏板是否终止自动泊车	终止自动泊车		□	
			未终止自动泊车		□	
		松开制动踏板是否恢复自动泊车	恢复自动泊车		□	
			未恢复自动泊车		□	
		是否规范完成停车入位	是		□	
			否		□	
4	关闭车辆	车辆能否正常关闭	正常		□	
			不正常		□	

3. 任务总结

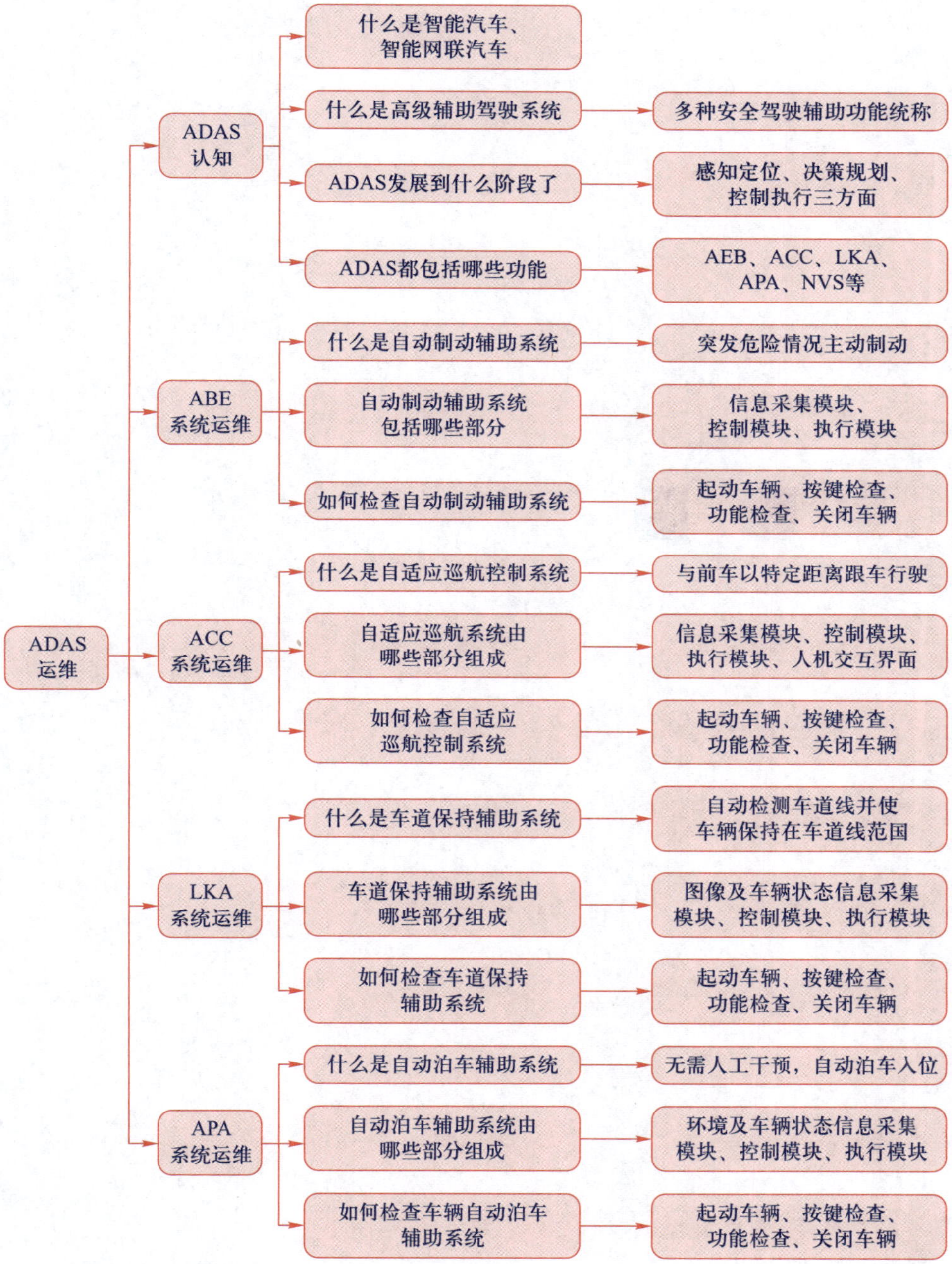
ADAS运维
ADAS认知
什么是智能汽车、智能网联汽车
什么是高级辅助驾驶系统
多种安全驾驶辅助功能统称
ADAS发展到什么阶段了
感知定位、决策规划、控制执行三方面
ADAS都包括哪些功能
AEB、ACC、LKA、APA、NVS等
ABE系统运维
什么是自动制动辅助系统
突发危险情况主动制动
自动制动辅助系统包括哪些部分
信息采集模块、控制模块、执行模块
如何检查自动制动辅助系统
起动车辆、按键检查、功能检查、关闭车辆
ACC系统运维
什么是自适应巡航控制系统
与前车以特定距离跟车行驶
自适应巡航系统由哪些部分组成
信息采集模块、控制模块、执行模块、人机交互界面
如何检查自适应巡航控制系统
起动车辆、按键检查、功能检查、关闭车辆
LKA系统运维
什么是车道保持辅助系统
自动检测车道线并使车辆保持在车道线范围
车道保持辅助系统由哪些部分组成
图像及车辆状态信息采集模块、控制模块、执行模块
如何检查车道保持辅助系统
起动车辆、按键检查、功能检查、关闭车辆
APA系统运维
什么是自动泊车辅助系统
无需人工干预，自动泊车入位
自动泊车辅助系统由哪些部分组成
环境及车辆状态信息采集模块、控制模块、执行模块
如何检查车辆自动泊车辅助系统
起动车辆、按键检查、功能检查、关闭车辆

任务三　智能座舱系统运维

1. 任务信息

1.1　任务导入

时间：2019 年 10 月。

场景：售后维修中心。

人物：小张（技师）。

情节：客户到售后维修中心做首保，其他保养内容已经做完，现在需要对车辆智能座舱系统进行检查与运行维护。

1.2　任务要求

- 能够根据智能座舱系统的运维内容，完成所需工具、工位准备等准备工作。
- 能够按照智能座舱系统各功能检查方法，完成智能座舱系统各功能检查作业。
- 能够按照智能座舱系统运维说明，完成智能座舱系统各功能运行与维护作业。
- 能够依据《汽车售后服务规范》，利用专业知识解答客户疑问。

2. 任务实施

2.1　人机交互系统运维

2.1.1　知识学习

（1）智能座舱

座舱一词由飞机和船舶行业引申而来，"舱" 指飞机或轮船的内部驾驶与载客空间。汽车智能座舱即车内智能化驾驶和乘坐空间，是多种智能系统及先进科技构成的信息化科技座舱，让驾驶人通过不同的交互模式，掌控行车环境及车内信息，确保行车安全的同时，为驾乘人员带来最大的愉悦感和舒适感。各类座舱如图 3-1 所示。

（2）智能座舱的发展阶段

智能座舱的发展分为四个阶段：一是电子座舱；二是智能助理；三是人机共驾；四是第三生活移动空间。

第一阶段侧重于单一控制模块、单一功能的多样化，还未进行成熟的融合。

第二阶段则是以人为主，对于座舱内的娱乐和 "知性" 要求更高，从目前的大环境来看，大多数的 "智能座舱" 目前还在第二阶段，也是现阶段量产的主要目标。

飞机座舱

轮船座舱

汽车座舱

图 3–1　座舱

而第三阶段则会更多关注于动力模块的主动控制，同时对于主被动安全的集成度更高，以求达到防止事故发生的目的。

第四阶段则是打造所谓的"第三生活移动空间"，主动关怀、自主推送与帮助服务。根据用户的日常习惯并与车外的智能硬件结合，进行智能化服务。未来的"第三生活移动空间"示意图如图 3–2 所示。

（3）智能座舱的组成

智能座舱的产品形态及组成并不是一个固定的概念，而是围绕用户日益增长的美好出行需求而不断变化的。现阶段，智能座舱更多集中于信息娱乐系统、安全辅助系统、舒适度和车内环境的智能化，主要包括人机交互系统、疲劳驾驶预警系统、智能座椅等，如图 3–3 所示。

随着互联网和 5G 技术的快速发展，智能座舱也在不断地完善，如：全液晶仪表、一字显示屏、车联网、车载信息娱乐系统 IVI、语音识别、手势识别、HUD、AR、AI、全息管家、氛围灯等方面。

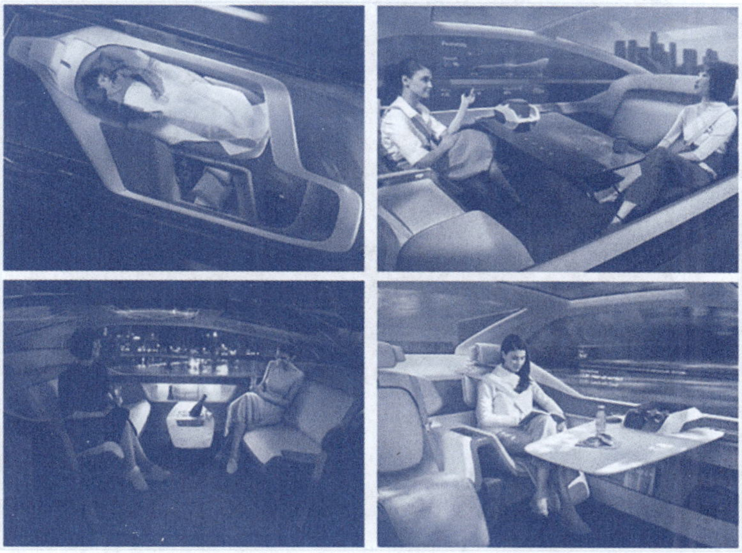

图 3-2　第三生活移动空间示意图

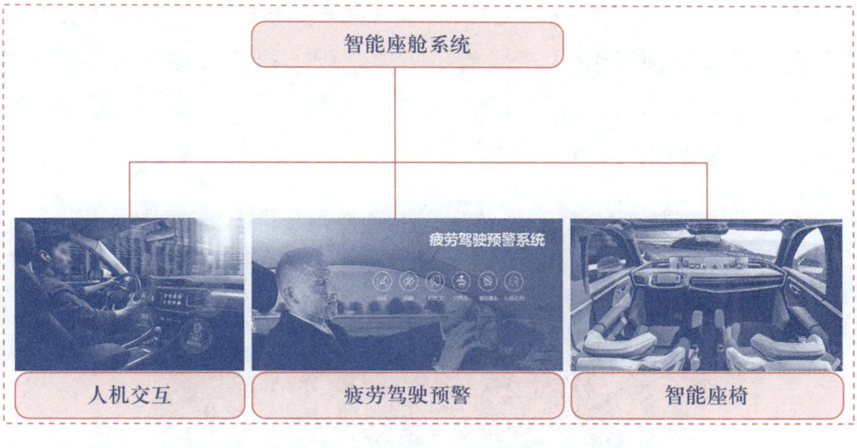

图 3-3　智能座舱系统

（4）人机交互系统定义

人机交互（Human-Machine Interaction，HMI），是信息化技术发展的产物，是车辆与用户之间进行信息交换的系统，该系统实现了人与车辆之间的对话功能。车主可通过该系统，掌握车辆状态信息（如车速、行驶里程、故障报警、车辆保养信息等）、路况信息；还可通过人机交互系统进行 ADAS 功能设置、外联通信、定速巡航设置、信息娱乐系统设置、驾驶舒适性设置等操作。人机交互系统如图 3-4 所示。

不同汽车厂商的人机交互系统名称不同，目前常见的有宝马的 iDrive、奔驰的 COMAND、奥迪的 MMI、沃尔沃的 Sensus、上汽荣威的 iVoka、蔚来的 NOMI、福特的 SYNC、通用的 IntelliLink 以及丰田的 Remote Touch 等。

图 3-4　人机交互系统

（5）人机交互系统的交互方式

人机交互系统的交互方式包括语音交互、手势交互、全息管家以及传统的触摸交互等。其中：手势交互可以做一些简单的切换；触摸交互更适合快速进入应用以及娱乐功能，属于一触即达的操作方式；语音交互比较适合指令长或者复杂的任务，且通过麦克风进行语音识别，由于具有不需要驾驶人视线转移以及做手势动作、越过系统层级直达功能等优势，是目前人机交互系统的交互方式中最重要、最安全的一种。语音识别模块如图 3-5 所示。

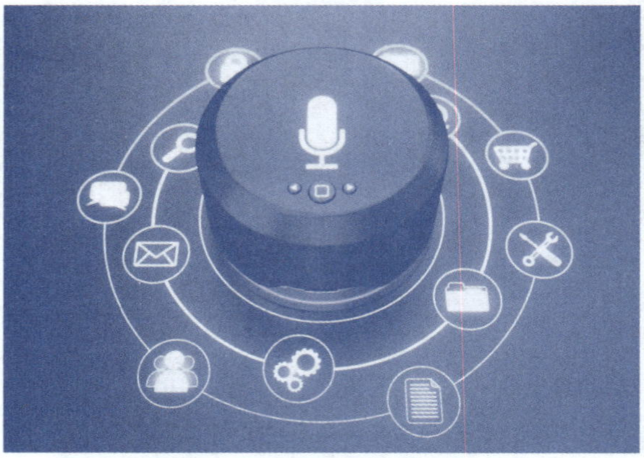

图 3-5　语音识别模块

（6）人机交互系统组成与功能

人机交互系统由信息采集模块、控制模块、执行模块和传输介质组成。

信息采集模块负责乘员需求信息收集，包括麦克风、摄像头、触控板、传感器等设备，以及传统的操作按键；控制模块负责对收集到的信息进行识别处理，并控制相应的执行器完成乘员需求与反馈；执行模块包括扬声器、显示屏与其他反馈，比如座椅调节、加热反馈等；传输介质用于各设备间的高速信息传递，如 CAN 总线、LIN 总线、以太网等。人机交互系统组成如图 3-6 所示。

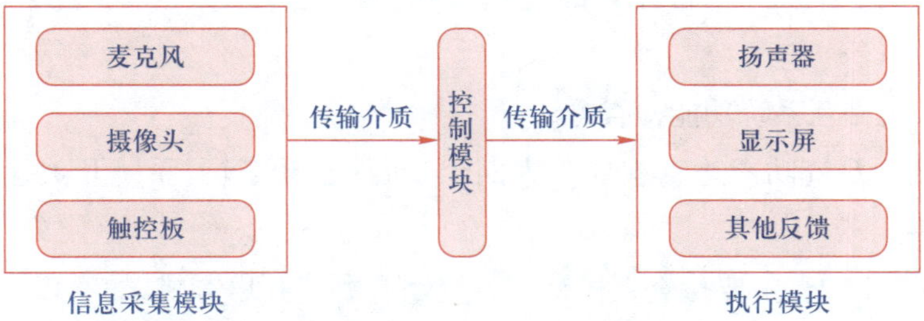

图 3-6　人机交互系统组成

（7）人机交互系统的未来发展

全液晶仪表的应用和普及，是汽车智能化发展的必然趋势。以大尺寸中控液晶显示屏为代表，它们开始逐步替代传统仪表，中控显示屏与仪表盘一体化设计的方案开始出现，少数车型新增一字屏、全息影像、HUD（Head Up Display，平视显示器，是运用在航空器上的飞行辅助仪器，平视的意思是指飞行员不需要低头就能够看到他需要的重要资讯）、流媒体后视镜等。人机交互方式的多样化，正在重新定义人机交互，并将逐渐成为人机交互的体验核心，交互界面也将无处不在。智能时代座舱产品如图 3-7 所示。

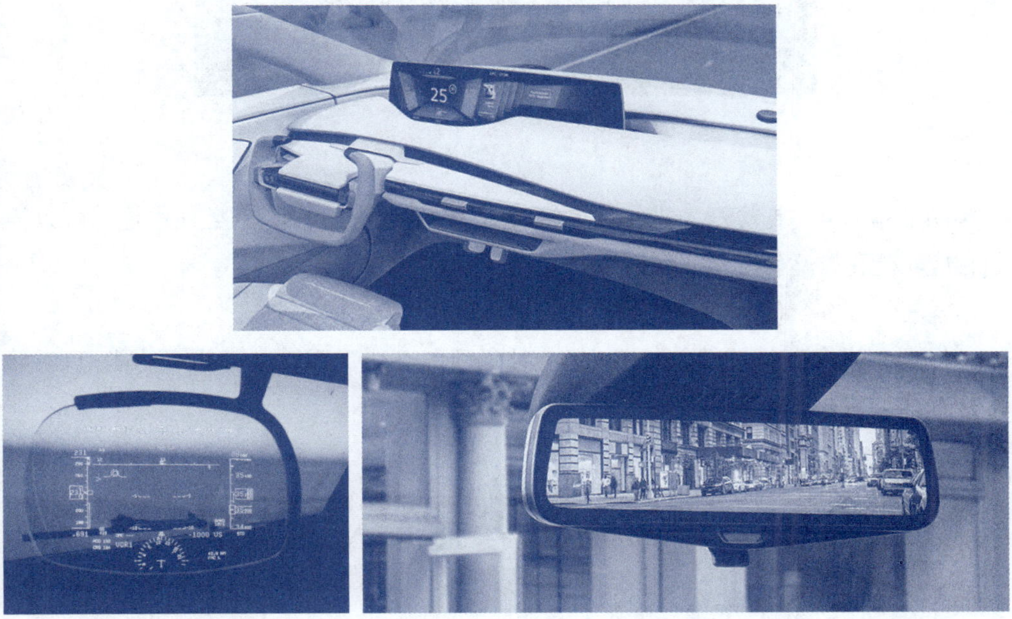

平视显示器　　流媒体后视镜

图 3-7　智能时代座舱产品

语音交互、手势交互和触摸交互，在现有车型中的应用已经算是比较普遍了，未来，高度智能的人机交互将逐渐从高端车型向大众车型发展，都将实现语音控制、手势操作、全息管家等更智能化的交互方式，最终实现“人－车－路－云”的高度协同。

（8）人机交互系统功能检查方法

人机交互系统功能检查主要分为四个步骤：起动车辆、系统开关检查、功能检查、关闭车辆。

系统开关检查：主要检查人机交互系统都有哪些开启方式，如物理按键开启、触摸开启、语音唤醒等，且各种开启方式是否能够正常开启人机交互系统。图 3-8 所示为语音识别按键。

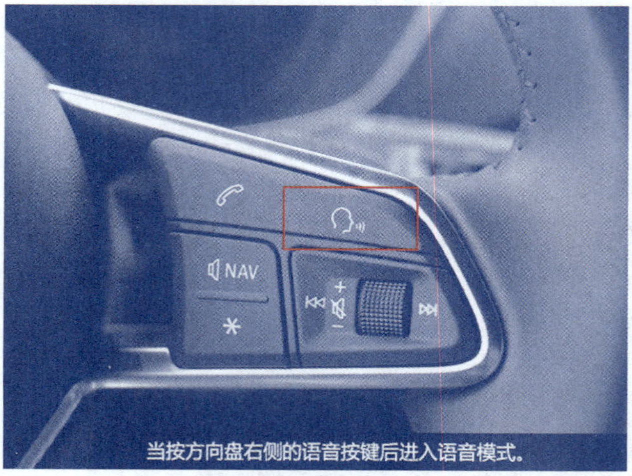

图 3-8　语音识别按键

功能检查：主要检查人机交互系统都有哪些交互方式，各交互方式是否可以控制相应功能正常运行。

2.1.2　技能演练

根据人机交互系统功能检查方法，对车辆人机交互系统进行基本功能检查，并将检查结果填在表 3-1 中。

表 3-1　人机交互系统功能检查记录表

序号	项目	内容	操作记录		维护说明
1	起动车辆	车辆能否正常起动	正常	□	1. 如果人机交互部分功能无法实现，需要检查车辆网络连接是否正常；
			不正常	□	

续表

序号	项目	内容	操作记录		维护说明
2	系统开关检查	开关形式	物理按键 □	反馈清晰 □	
				不正常 □	
			触摸控制 □	灵敏、精准 □	
				不正常 □	
			语音唤醒 □ 唤醒词：______	唤醒正常 □	
				无法唤醒 □	
		开关位置	转向盘 □		
			中控台 □		
			中控屏 □		
3	功能检查	语音导航	导航到某地	正常 □	2. 如果网络正常但是依然无法实现交互功能，需要关闭车辆起动开关，静止 3 min 后重新起动车辆； 3. 依然无法解决则进行故障检测
				不正常 □	
			视图方向切换	正常 □	
				不正常 □	
		音频播放	按歌曲名点歌	正常 □	
				不正常 □	
			上 / 下首切换	正常 □	
				不正常 □	
			音量调节	正常 □	
				不正常 □	
		语音通话	打电话给联系人	正常 □	
				不正常 □	
		车窗	车窗升降	正常 □	
				不正常 □	
			车窗锁止	正常 □	
				不正常 □	
		天窗	天窗开 / 关	正常 □	
				不正常 □	
			遮阳板开 / 关	正常 □	
				不正常 □	

续表

序号	项目	内容	操作记录		维护说明
3	功能检查	空调	空调开 / 关	正常 □	
				不正常 □	
			调节温度	正常 □	
				不正常 □	
			调节风速	正常 □	
				不正常 □	
		座椅	开启 / 关闭座椅加热	正常 □	
				不正常 □	
			开启 / 关闭座椅通风	正常 □	
				不正常 □	
4	关闭车辆	车辆能否正常关闭	正常 □		
			不正常 □		

2.2 疲劳驾驶预警系统运维

2.2.1 知识学习

（1）疲劳驾驶预警系统定义

疲劳驾驶预警系统（Driver Fatigue Monitor System）是一种基于驾驶人生理图像反应特征的驾驶人疲劳监测系统，具体是指驾驶人精神状态下滑或进入浅层睡眠时，利用驾驶人的面部特征、眼部信号、头部运动等推断驾驶人的疲劳状态，并进行报警提示和采取相应措施。其作用就是监视并提醒驾驶人自身的疲劳状态，减少驾驶人疲劳驾驶的潜在危害。疲劳驾驶预警系统如图 3-9 所示。

图 3-9　疲劳驾驶预警系统

疲劳驾驶是当今交通安全的重要隐患之一，是造成交通事故的重要原因之一。驾驶人在长时间连续驾车后，容易产生生理机能和心理机能的失调，随之出现一些症状，如头重恍惚、胸闷嗜睡、视力下降、注意力分散、反应迟钝、动作僵硬、思维能力下降等，而在客观上出现驾驶技能下降的现象，造成疲劳驾驶，存在很大的安全隐患。

而疲劳驾驶预警系统能够在驾驶人行驶过程中，全天候监测驾驶人的疲劳状态、驾驶行为等。在发现驾驶人出现疲劳现象后，预警系统将会对此类行为进行及时的分析，并进行提示，能有效减少因疲劳驾驶造成的交通事故和生命危害。

（2）疲劳驾驶预警系统结构组成

疲劳驾驶预警系统一般由图像采集模块、图像处理模块、控制模块和预警模块组成，如图 3-10 所示。

图 3-10　疲劳驾驶预警系统组成

图像采集模块采用非接触式方式，利用图像传感器（摄像头）采集人脸图像，主要采集驾驶人疲劳信息，如驾驶人眼睛开闭状态、低头状态、打哈欠等图像信息。

图像处理模块用于对采集到的图像信息进行数字图像处理与分析。

控制模块负责将处理后的信息与标准数据进行比对分析，先进的疲劳算法能确保驾驶人在疲劳驾驶状态及时被检测出，并将控制信号及时传递至预警模块。

预警模块主要用于提醒驾驶人已经疲劳驾驶，如蜂鸣器、图标、灯光、语音提示等。图 3-11 所示为休息提醒图标。

（3）图像采集模块安装位置

疲劳驾驶预警系统的图像采集模块安装位置必须保证时时刻刻监测到驾驶人面部，一般安装在左侧 A 柱、仪表板内部、转向柱后壳体、中控台、顶棚组合开关等位置，如图 3-12 所示。

（4）疲劳驾驶预警功能检查方法

疲劳驾驶预警系统检查过程主要分为四个步骤：起动车辆、系统开启检查、功能检查、关闭车辆。

系统开启检查：当满足疲劳驾驶预警系统开启条件，如满足车速、驾驶时长等，疲劳驾驶预警系统开始工作，时刻监测驾驶人疲劳状态。部分车型也可以通过设置关闭疲劳驾驶预警功能。

图 3-11　休息提醒图标

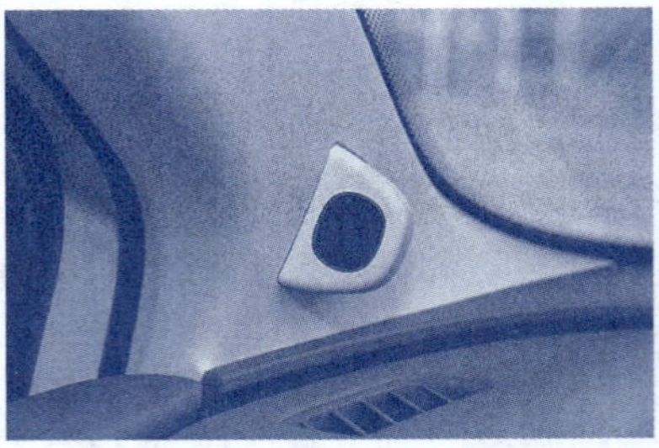

左侧 A 柱

仪表板内部

转向柱后壳体

中控台

图 3-12　图像采集模块安装位置

功能检查：检查在各种疲劳状态下，如闭眼、打哈欠、低头等，系统是否能够正确监测到驾驶人处于疲劳驾驶状态，并进行报警，且各报警形式是否正常，如蜂鸣、震动、语音、图标提醒等。

2.2.2　技能演练

根据疲劳驾驶预警功能检查方法，对车辆疲劳驾驶预警功能检查，并将检查结果填在表 3-2 中。

表 3-2　疲劳驾驶预警系统

序号	项目	内容	操作记录		维护说明
1	起动车辆	车辆能否正常起动	正常	□	1. 系统卡滞需关闭起动开关，静止 3 min 后重新起动车辆
			不正常	□	

续表

序号	项目	内容	操作记录			维护说明
2	系统开启检查	开启条件	车速 □	________km/h		2. 其他无法解决的问题需要将车辆转至维修部门处理
			驾驶时长 □	________h		
		是否正常开启	正常		□	
			不正常		□	
		是否能关闭该功能	是		□	
			否		□	
3	功能检查	疲劳状态	闭眼	预警	□	
				不预警	□	
			打哈欠	预警	□	
				不预警	□	
			低头	预警	□	
				不预警	□	
			左顾右盼	预警	□	
				不预警	□	
		预警形式	蜂鸣提醒 □	正常	□	
				不正常	□	
			警示图标 □	正常	□	
				不正常	□	
			震动提醒 □	正常	□	
				不正常	□	
			语音提醒 □	正常	□	
				不正常	□	
			灯光提醒 □	正常	□	
				不正常	□	
4	关闭车辆	车辆能否正常关闭	正常		□	
			不正常		□	

2.3 智能座椅运维

2.3.1 知识学习

（1）智能座椅定义

智能座椅是智能座舱的一部分，智能座椅的智能化主要从乘坐舒适感和智能控制两个方面来体现，不同品牌对于座椅配置不同，应用最广泛的技术一般有座椅多方向调节、座椅记忆、座椅通风、座椅加热等，以及座椅迎宾、座椅按摩、座椅语音控制等，这些配置统称为智能座椅。图 3-13 所示为前后排智能座椅展示。

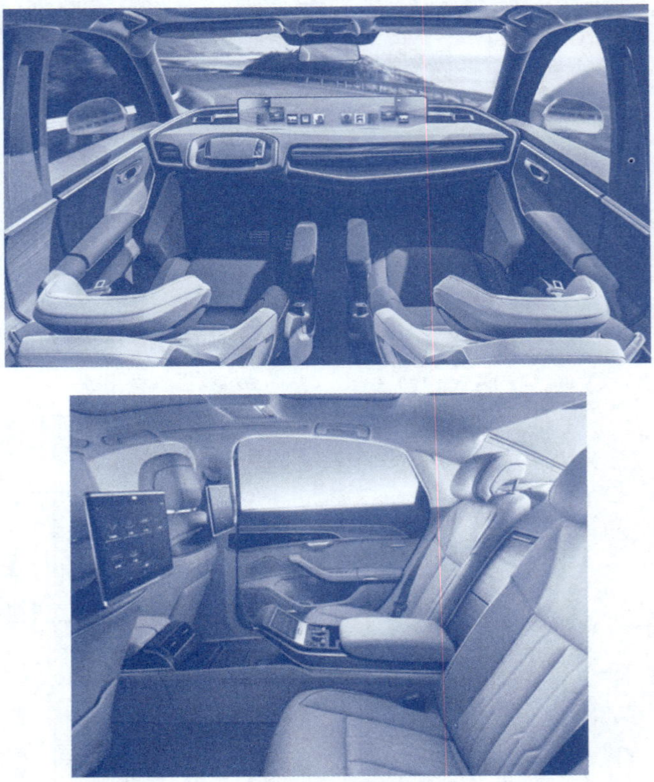

图 3-13 智能座椅

（2）智能座椅组成及功能

智能座椅各功能控制一般由信息采集模块、控制模块、执行模块等组成。信息采集模块一般包括语音指令与触摸（按键、触控屏）操作，采集乘员对智能座椅的各项操作信息；控制模块根据输入的操作信息分析乘员意图，并控制相应的执行器完成操作指令；执行模块一般包括座椅方向调节的电机、座椅通风的风扇、座椅加热的加热垫以及座椅按摩的气泵、振荡器等，如图 3-14 所示。

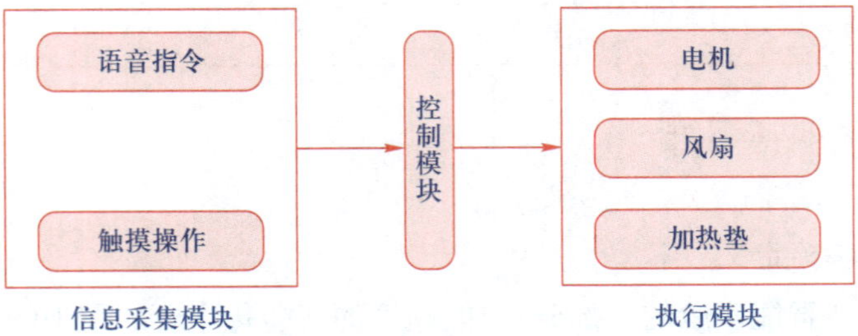

图 3-14 智能座椅组成

（3）智能座椅的未来发展

安全性：汽车座椅在整车的安全性方面扮演着至关重要的角色，当碰撞事故发生时，需要座椅与安全带、安全气囊进行配合，才能对驾乘者起到有效的固定、保护作用。在智能座椅的未来发展中，可以通过车辆信息的采集，在出现不可避免的碰撞情形下，使座椅提前做好准备，来减缓可能的碰撞及对驾乘人员带来的影响。

智能性：随着电子信息技术的发展，在保证汽车座椅基本作用的前提下，智能座椅今后会将智能化与舒适化融合，更加智能地提供舒适的乘坐环境。例如智能座椅可以通过姿态的主动监测以及传感器反映的相关信息来主动调整座椅的姿态，通过读取乘员的心率及呼吸模式来控制座椅按摩、加热或通风，帮助乘员恢复到健康舒适的状态，提升乘员的健康水平。

第三生活移动空间：当自动驾驶技术接管了转向盘之后，人们的双手将被彻底解放，车舱空间从原本的出行空间变成人们的又一生活空间——“第三生活移动空间”。就是将有限的车舱空间打造成集休闲、办公、娱乐为一体的生活空间，充分利用在旅程中的时间来完成更多的工作或享受更愉快的生活。而汽车座椅占据了车舱内大多数空间，合理的座椅改造能够提高乘坐舒适性、增加活动空间、提供更多功能。如前排座椅可向后旋转，使车舱形成一个宽敞舒适的交流空间；隐藏式桌子可以提供简易的工作环境；头等舱式后排座椅可以提供更加舒适的休息空间。打造“第三生活移动空间”，智能座椅的设计与使用如图 3-15 所示。

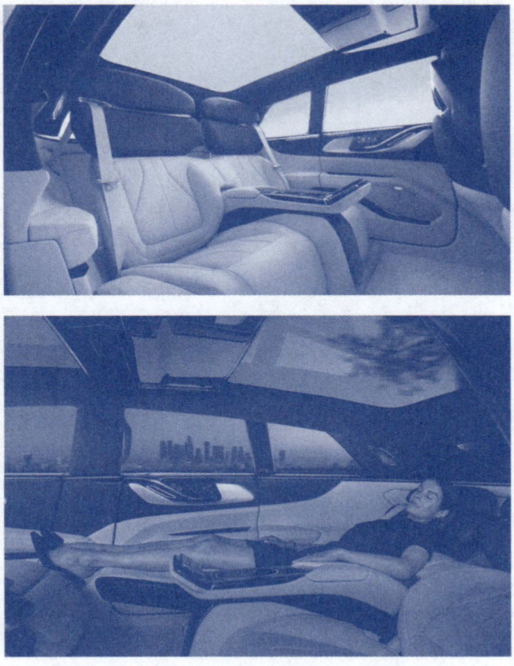

图 3-15 “第三生活移动空间”示意

（4）智能座椅功能检查方法

智能座椅功能检查包括对座椅调节功能、座椅舒适功能、座椅智能控制的检查。

座椅调节功能检查需要对座椅前后位置、座椅高低位置、坐垫水平位置、靠背前后倾斜程度、腰部支撑的高低位置及支撑程度、腿拖位置高低等功能进行检查。

座椅舒适功能检查需要对座椅加热、座椅通风、座椅按摩等功能进行检查。

座椅智能控制检查需要对座椅记忆、语音控制与迎宾功能进行检查。

2.3.2 技能演练

根据智能座椅功能检查方法，对车辆智能座椅各项功能进行检查，并将检查结果填在表 3-3 中。

表 3-3 智能座椅功能检查记录表

<table>
<tr><th>序号</th><th>检查项目</th><th>检查内容</th><th colspan="3">操作记录</th><th>维护说明</th></tr>
<tr><td rowspan="20">1</td><td rowspan="20">座椅调节功能</td><td rowspan="4">座椅位置调节</td><td rowspan="2" colspan="2">向前调节</td><td>正常 □</td><td rowspan="20">由于不同车型的配置、各功能按键位置不一致，须参照实际车辆及用户手册，检查智能座椅各功能是否正常</td></tr>
<tr><td>不正常 □</td></tr>
<tr><td rowspan="2" colspan="2">向后调节</td><td>正常 □</td></tr>
<tr><td>不正常 □</td></tr>
<tr><td rowspan="4">座椅高低调节</td><td rowspan="2" colspan="2">升高调节</td><td>正常 □</td></tr>
<tr><td>不正常 □</td></tr>
<tr><td rowspan="2" colspan="2">降低调节</td><td>正常 □</td></tr>
<tr><td>不正常 □</td></tr>
<tr><td rowspan="4">坐垫水平调节</td><td rowspan="2" colspan="2">升高调节</td><td>正常 □</td></tr>
<tr><td>不正常 □</td></tr>
<tr><td rowspan="2" colspan="2">降低调节</td><td>正常 □</td></tr>
<tr><td>不正常 □</td></tr>
<tr><td rowspan="4">靠背前后调节</td><td rowspan="2" colspan="2">向前调节</td><td>正常 □</td></tr>
<tr><td>不正常 □</td></tr>
<tr><td rowspan="2" colspan="2">向后调节</td><td>正常 □</td></tr>
<tr><td>不正常 □</td></tr>
<tr><td rowspan="4">腰部支撑调节</td><td rowspan="4">位置调节</td><td rowspan="2">向上调节</td><td>正常 □</td></tr>
<tr><td>不正常 □</td></tr>
<tr><td rowspan="2">向下调节</td><td>正常 □</td></tr>
<tr><td>不正常 □</td></tr>
</table>

续表

序号	检查项目	检查内容	操作记录			维护说明
1	座椅调节功能	腰部支撑调节	支撑调节	凸起	正常 □	
					不正常 □	
				凹陷	正常 □	
					不正常 □	
		腿托调节	升高调节		正常 □	
					不正常 □	
			降低调节		正常 □	
					不正常 □	
2	座椅舒适功能	座椅加热	交互方式			座椅加热与通风无法同时开启
			加热功能		正常 □	
					不正常 □	
			加热温度调节		正常 □	
					不正常 □	
		座椅通风	交互方式			–
			通风功能		正常 □	
					不正常 □	
			通风风速调节		正常 □	
					不正常 □	
		座椅按摩	交互方式			
			按摩功能		正常 □	
					不正常 □	
			按摩模式：			
3	座椅智能控制	座椅记忆	交互方式			部分车辆在R挡时无法进行座椅记忆设置
			座椅位置存储		正常 □	
					不正常 □	
			记忆位置调出		正常 □	
					不正常 □	
		座椅迎宾	下车模式		正常 □	部分车型迎宾功能与记忆功能结合
					不正常 □	
			驾驶模式		正常 □	
					不正常 □	

3. 任务总结

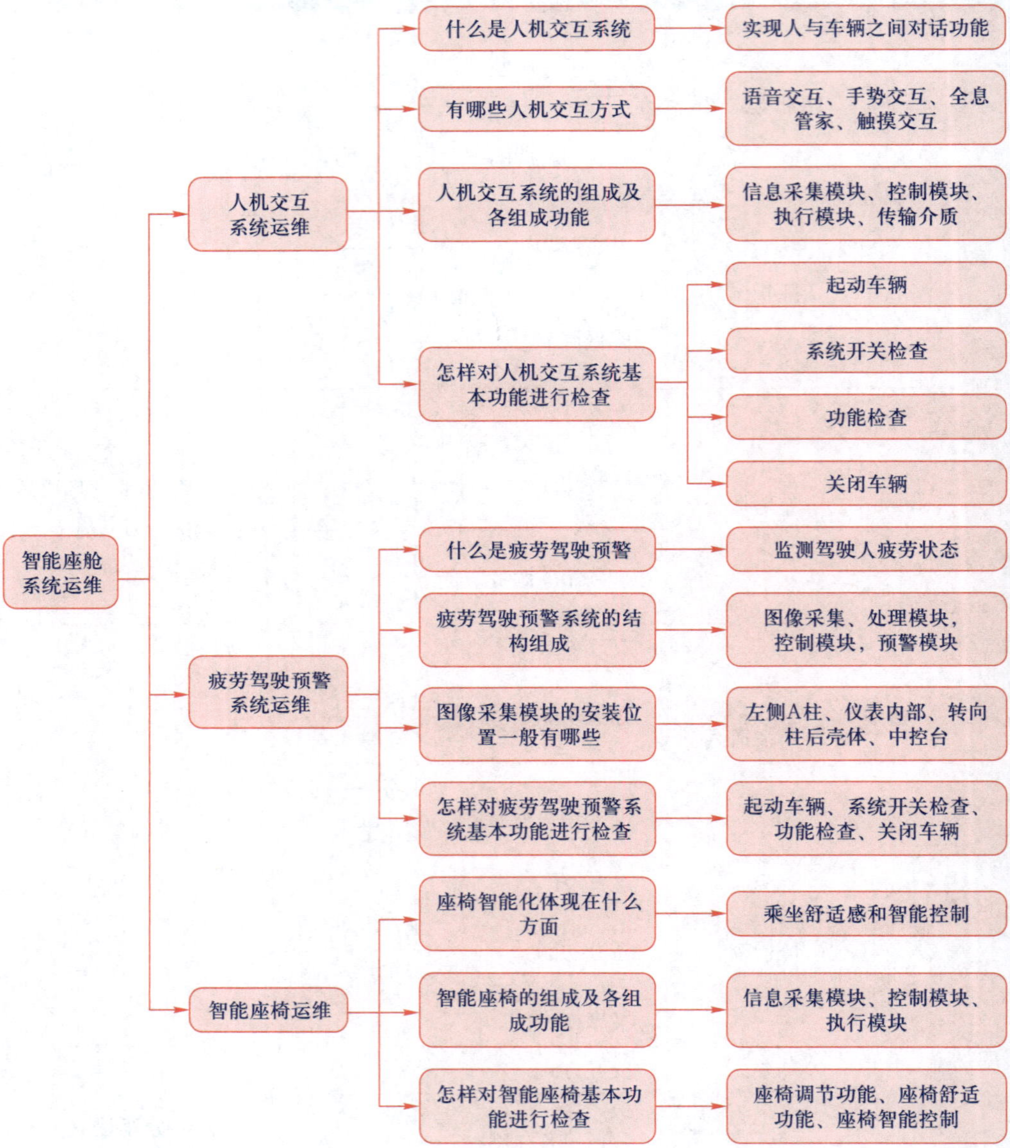
智能座舱系统运维
人机交互系统运维
什么是人机交互系统
实现人与车辆之间对话功能
有哪些人机交互方式
语音交互、手势交互、全息管家、触摸交互
人机交互系统的组成及各组成功能
信息采集模块、控制模块、执行模块、传输介质
怎样对人机交互系统基本功能进行检查
起动车辆
系统开关检查
功能检查
关闭车辆
疲劳驾驶预警系统运维
什么是疲劳驾驶预警
监测驾驶人疲劳状态
疲劳驾驶预警系统的结构组成
图像采集、处理模块，控制模块，预警模块
图像采集模块的安装位置一般有哪些
左侧A柱、仪表内部、转向柱后壳体、中控台
怎样对疲劳驾驶预警系统基本功能进行检查
起动车辆、系统开关检查、功能检查、关闭车辆
智能座椅运维
座椅智能化体现在什么方面
乘坐舒适感和智能控制
智能座椅的组成及各组成功能
信息采集模块、控制模块、执行模块
怎样对智能座椅基本功能进行检查
座椅调节功能、座椅舒适功能、座椅智能控制

领域二
ADAS部件更换与测试

一、领域性质

ADAS部件更换与测试是“智能网联汽车检测与运维(初级)”的第二个学习领域。在完成ADAS运维内容学习的基础上,本领域继续深入学习ADAS环境感知系统、定位系统等部件的更换与测试。通过本领域的学习,能够掌握视觉传感器、激光雷达、毫米波雷达、定位系统更换与测试等技能。

二、领域目标

1. 能够根据维修手册操作规范,结合车辆故障现象,选用合适的工具,完成视觉传感器更换与测试作业。

2. 能够根据维修手册操作规范,结合车辆故障现象,选用合适的工具,完成激光雷达更换与测试作业。

3. 能够根据维修手册操作规范,结合车辆故障现象,选用合适的工具,完成毫米波雷达更换与测试作业。

4. 能够根据维修手册操作规范,结合车辆故障现象,选用合适的工具,完成定位系统更换与测试作业。

三、领域内容

本领域包括视觉传感器更换与测试、激光雷达更换与测试、毫米波雷达更换与测试、定位系统更换四个任务。

任务四　视觉传感器更换与测试

1. 任务信息

1.1　任务导入

时间:2020 年 2 月。

场景:售后维修中心。

人物:小王(技师)。

情节:客户车辆因事故造成视觉传感器损坏,本任务需对客户车辆的视觉传感器进行拆装与更换作业,并对更换后的视觉传感器进行测试作业。

1.2　任务要求

- 能够根据车辆故障现象,完成视觉传感器更换的准备工作。
- 能够熟练使用拆装工具,完成视觉传感器更换作业。
- 能够选用合适的工具、设备,按照标准流程完成视觉传感器的测试作业。
- 能够根据规定及客户实际需求,规范进行功能验证。

2. 任务实施

2.1　视觉传感器更换

2.1.1　知识学习

(1)环境感知系统

视觉传感器作为环境感知系统的组成部分,主要为系统提供视觉信息。

环境感知系统的主要作用是通过多种环境感知类传感器及车辆定位系统,对车辆周围环境信息进行采集并处理,利用处理后的信息得到车辆周围道路信息以及车辆周边障碍物的位置、大小、速度、距离等信息,进而为行驶决策系统提供信息依据。环境感知系统如图 4-1 所示。

(2)环境感知系统的组成

环境感知系统由信息采集单元、信息处理单元和信息传输单元组成。系统基于单一传感器、多传感器信息融合或车载自组织网络获取周围环境和车辆的实时信息,经信息处理单元根据一定算法识别处理后,通过信息传输单元实现车辆内部或车与车之间的信息共享。环境感知系统的基本组成如图 4-2 所示。

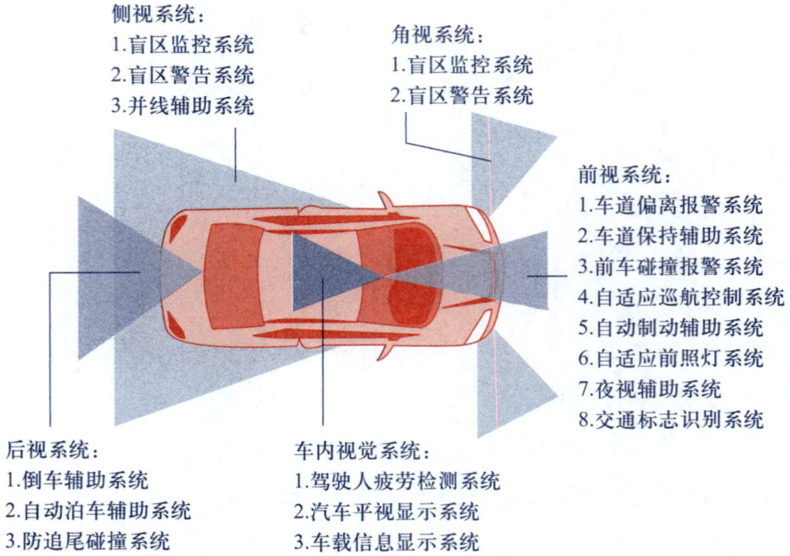

图 4-1　环境感知系统

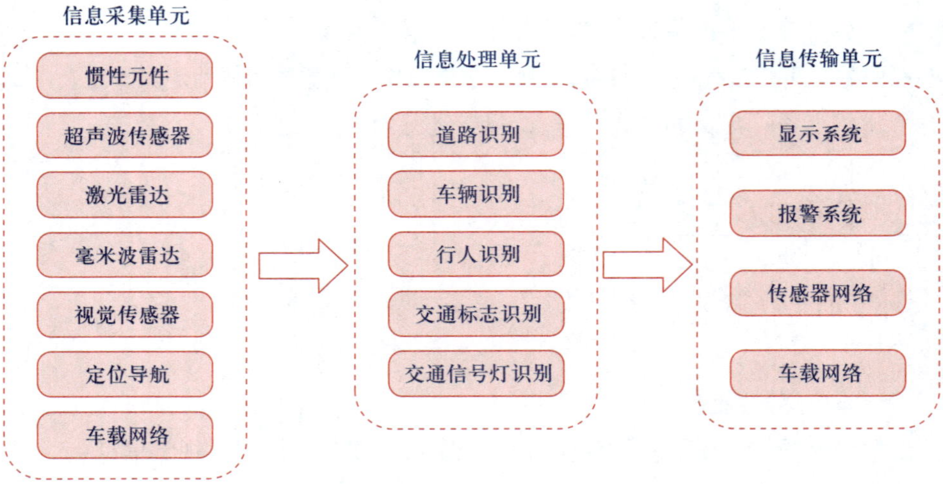

图 4-2　环境感知系统组成

（3）信息采集单元

信息采集单元是环境感知系统的主要组成部分，是车辆周围环境信息的直接来源，也是实现智能驾驶的基础。信息采集单元即环境感知传感器，智能驾驶汽车可以通过不同种类的传感器获得各种类型的环境信息。不同类型的传感器在距离、分辨率、环境适应性、抗干扰能力等性能上也存在差异。常用的车载环境感知传感器包括激光雷达、毫米波雷达、视觉传感器、组合导航等，不同传感器优缺点对比见表 4-1。

表 4-1　不同传感器优缺点对比

性能	类型			
	激光雷达	毫米波雷达	视觉传感器	组合导航
远距离测量能力	优	优	优	优
分辨率	良	优	优	优
低误报率	良	优	一般	优
温度适应性	优	优	优	优
不良天气适应性	较差	优	较差	优
灰尘 / 潮湿适应性	较差	优	较差	较差
低成本硬件	较差	优	优	优
低成本信号处理	较差	优	较差	优

由上表可见，单一的信息采集单元很难适应各种环境地形。为保证智能驾驶的功能实现以及安全行驶，多传感器的共同使用以及多传感器的信息融合便成了环境感知系统的关键技术。

（4）信息处理单元

信息处理单元的主要作用是通过不同算法，从信息采集单元采集到的环境信息中识别出道路、车辆、行人、交通标志、交通信号灯等，为决策系统对车辆行驶的控制提供依据。常用的信息识别包括以下部分。

1）道路识别技术

道路识别技术主要依赖于雷达成像以及机器视觉这两种技术，将通过雷达或视觉传感器收集到的环境信息进行特征识别。道路识别一般可分为结构化道路识别以及非结构化道路识别，结构化道路是城市交通中最常见的道路，其拥有清晰的车道标线和道路边界等，比较容易识别。非结构化道路没有上述特征，无法通过车道线的检测方法进行识别，但其在结构上符合道路特征，可采用基于机器学习的道路检测算法来对乡村公路、土路等非结构化道路进行识别。道路识别原理如图 4-3 所示。

2）车辆识别技术

常见的车辆识别技术是基于单目视觉传感器的识别方式，利用单帧图像进行外观识别，从而检测出车辆的轮廓。但单目视觉信息缺少深度的测量，在较远距离的识别误差较大，故现在多用雷达与视觉相结合的方式进行车辆识别。雷达传感器可以快速扫描车辆周围的物体的距离、轮廓、位置等信息，但难以识别出障碍物的类型。视觉传感器可以提供更为丰富的平面信息，包括物体形状、颜色、纹理等信息，与雷达传感器可形成较好的互补。通过建立不同传感器坐标系的转换，可以将不同的环境信息融合进行处理和识别，大大提高了车辆识别性能。

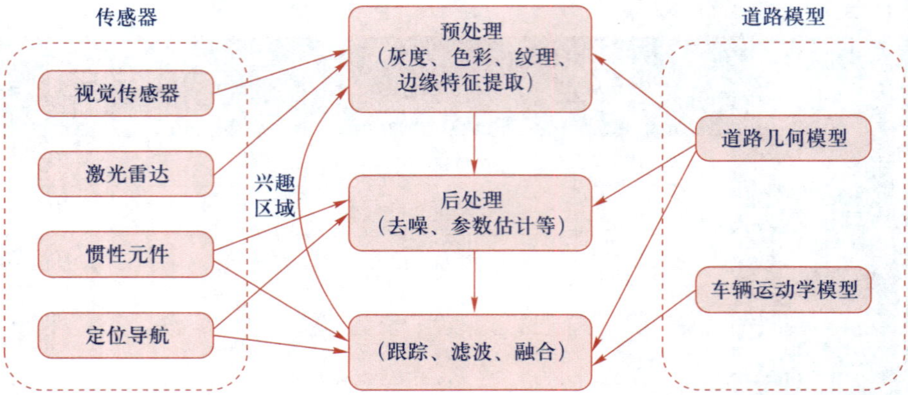

图 4–3　道路识别原理

3）行人识别技术

行人识别技术与车辆识别技术类似，均为基于雷达传感器和视觉传感器的识别技术。单独的视觉传感器虽然可以提供较为丰富的信息，但该方法的统计学习难度较大，抗干扰能力差，对参数较为敏感，可靠性较差。而通过雷达传感器与视觉传感器的数据融合来识别行人，既可以通过雷达准确识别出障碍物的位置、形状等信息，又可以通过视觉传感器准确识别障碍物属性，从而快速识别出车辆周围的行人。

4）交通标志识别

交通标志识别是利用图像识别技术，从视觉传感器捕获的视觉信息中提取特征信息，并通过与交通标志标准特征库比较，从而识别出交通标志。识别出的标志信息还可以通过网络与其他智能网联汽车进行共享。交通标志识别原理如图 4–4 所示。

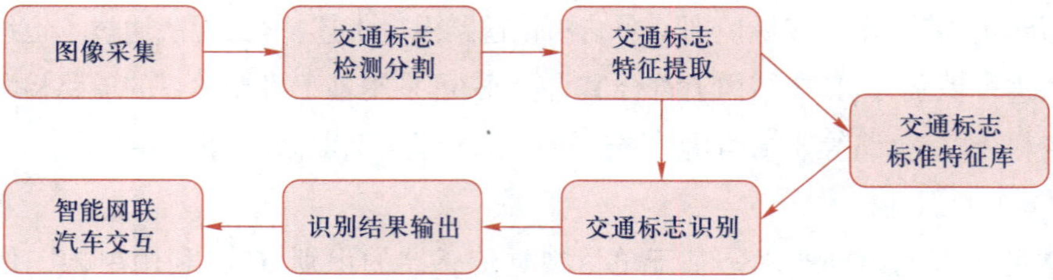

图 4–4　交通标志识别原理

5）交通信号灯识别

交通信号灯在背景单一的条件下很容易通过色彩特征进行识别。但由于城市道路中背景环境复杂，如行人、车辆、广告牌等均会对识别结果造成影响。因此，交通信号灯识别一般采用先识别形状特征，再识别交通信号灯灯色变化的方式。此种方式可以有效减少色彩特征的干扰，但需要建立不同类型的交通信号灯的形状特征规则，对算法的灵活性有所限制。交通信号灯识别原理如图 4–5 所示。

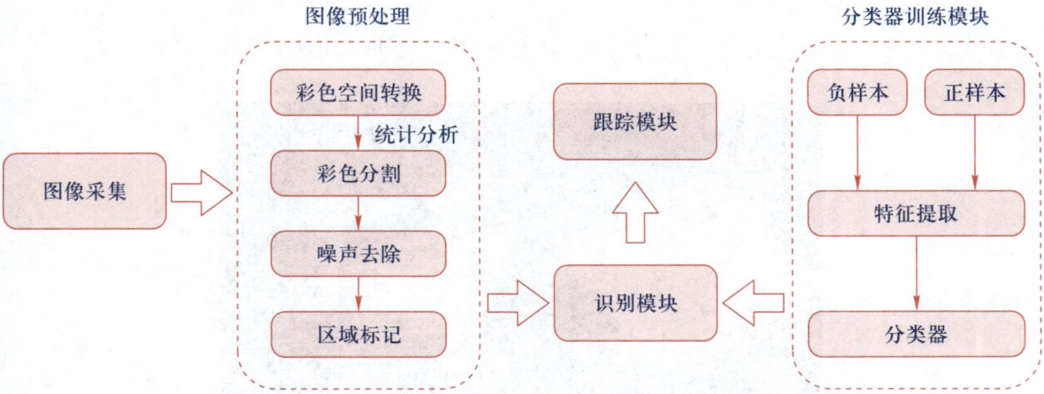

图 4–5　交通信号灯识别原理

（5）信息传输单元

信息传输单元是环境信息的中转站，主要负责将信息处理单元对环境信息的分析结果按需求传递至执行单元。例如当雷达传感器探测到前方行驶车辆时，信息传输单元将前车的相对距离及相对速度传递至控制执行模块，控制执行模块将以上信息与车辆自身的车速、加速度、转向角等信息结合，计算出最佳的行驶状态，并通过执行器控制车速及方向，以实现 ACC 自适应巡航功能。

此外，信息传输单元还负责信息的共享任务。不仅可以通过车载网络实现车辆内部的资源共享，而且可以实现通过网络共享给周边其他车辆，实现车与车之间的信息共享。

（6）视觉传感器概述

视觉传感器是指利用光学元件和成像装置获取外部环境图像信息转变为电信号的传感器，如摄像机、照相机等。在车辆领域中，视觉传感器能够实时获取车辆周围的二维或三维图像信息，常用于环境监测、物体识别以及车辆定位等功能。

视觉传感器具有体积小、价格低、信息量大等优点，其性能的高低一般通过分辨率来区分，但由于视觉系统对环境、光线条件依赖程度较大，视觉传感器的测量精度也会受到天气、距离等因素干扰，从而降低其性能。视觉传感器如图 4–6 所示。

图 4–6　视觉传感器

（7）视觉传感器的分类

视觉传感器一般可以按芯片类型或镜头排布来分类。

1）按芯片类型分类

视觉传感器常用芯片一般分为 CCD 和 CMOS 两种，如图 4-7 所示。

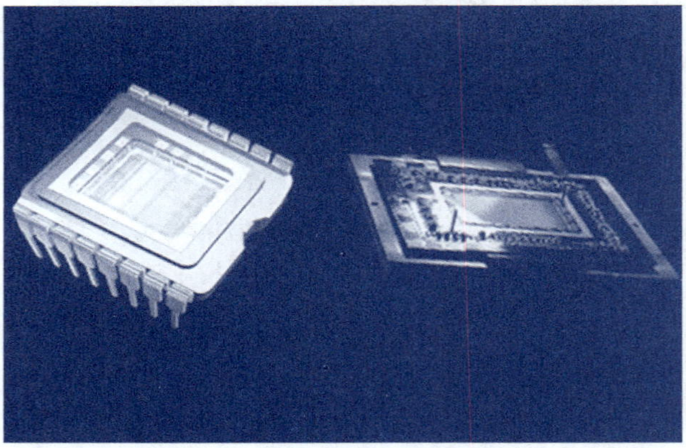

图 4-7　CCD 与 CMOS

CCD（Charge-Coupled Device，电耦合元件）是一种用电荷量表示信号大小，用耦合方式传输信号的探测元件。其具有自扫描、感受波谱范围宽、畸变小、体积小、质量轻、系统噪声低、功耗小、寿命长、可靠性高等一系列优点。CCD 芯片在传感器中的作用是将光信号转换为电信号，再经过外部采样放大及模数转换电路转换成数字图像信号。

CMOS（Complementary Metal-Oxide Semiconductor，互补性氧化金属半导体）是利用 CMOS 工艺制造的图像传感器，通常由像敏单元阵列、行驱动器、列驱动器、时序控制逻辑、AD 转换器、数据总线输出接口、控制接口等几部分组成。CMOS 主要利用半导体的光电效应，基本原理与 CCD 相同。

2）按镜头排布分类

在智能网联汽车中，ADAS 不同的功能对图像信息的需求有所不同，单一的视觉传感器很难同时满足识别、测距、定位等功能。此时，通过多传感器同时使用，即可最大限度满足 ADAS 功能对视觉信息的需求。常用视觉传感器可大致分为单目视觉传感器，双目视觉传感器，以及多视觉传感器组合。

单目视觉传感器仅使用一个镜头获取视觉信息。单目视觉传感器通过图像匹配识别物体，再根据图像中物体的大小、位置对被测物体距离进行估算。这种方式有很成熟的算法，但由于单一摄像头的缺陷，在远距离物体识别方面精度较低，在对识别或测距精度要求较高的功能中难以使用。单目视觉传感器如图 4-8 所示。

双目视觉传感器指拥有两个镜头的视觉传感器。不同于单目视觉传感器，双目视觉传感器在工作过程先对物体进行测距，再对物体进行识别。双目视觉传感器利

图 4-8　单目视觉传感器

用相近的两个视觉传感器拍摄同一物体，可以得到同一物体在两镜头中的像素偏移量。信息处理模块通过像素偏移量、相机焦距以及两视觉传感器实际距离等信息计算，可得到物体的实际距离。双目视觉传感器测距能力较单目有所提高，但对安装精度有较高要求。双目视觉传感器如图 4-9 所示。

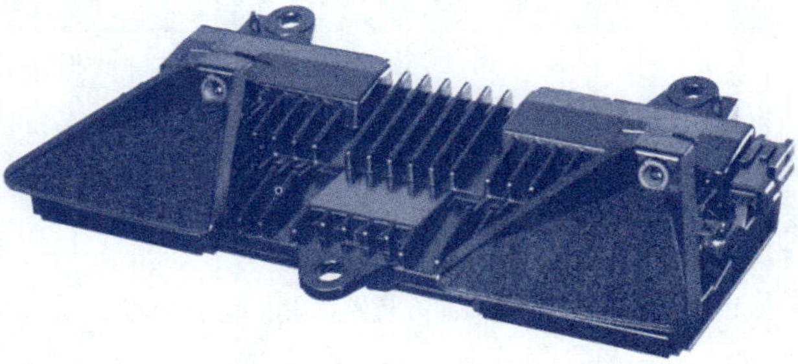

图 4-9　双目视觉传感器

在汽车行驶中，面对复杂的路况，恶劣的天气以及更多的功能要求下，双目视觉传感器亦难以满足环境感知的需求。故此可以通过加入不同焦距、不同角度、不同功能的摄像头来提高不同类型信息获取的精度，如车道、信号灯、标志、行人等。多个视觉传感器组合如图 4-10 所示。

（8）视觉传感器的环境感知特点

机器视觉是环境感知最常用的方法之一，它具有以下特点。

① 视觉图像的信息获取面积较大，在同一图像中可以同时识别多种信息，并可以识别其他传感器无法识别的物体信息。

② 视觉信息为被动接收信息，与各种雷达相比不依赖于主动发射的信号，多传感器或多车辆同时工作时不会存在干扰。

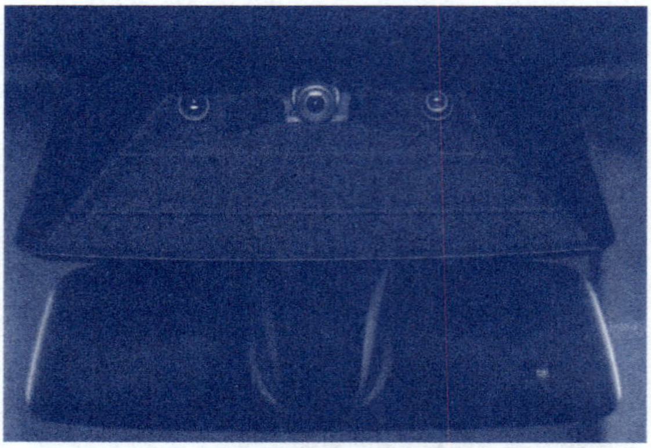

图 4-10 多个视觉传感器组合

③ 视觉信息是实时图像，对先验知识依赖程度较低，环境适应能力较强。

（9）视觉传感器具体功能及安装位置

根据不同驾驶辅助功能的图像信息需求，视觉传感器的具体功能及安装位置各不相同，见表 4-2。

表 4-2 视觉传感器的具体功能及安装位置

驾驶辅助功能	安装位置	具体功能简介
车道偏离预警（LDW）	前视	当前视摄像头检测到车辆即将偏离车道线时，会发出警报
前向碰撞预警（FCW）	前视	当前视摄像头检测到与前车距离过近，可能发生追尾时，会发出警报
交通标志识别（TSR）	前视、侧视	识别前方道路两侧的交通标志
车道保持辅助（LKA）	前视	当前视摄像头检测到车辆即将偏离车道线时，会向控制中心发出信息，然后由控制中心发出指令，及时纠正行驶方向
行人碰撞预警（PCW）	前视	前视摄像头会标记前方道路行人，并在可能发生碰撞时及时发出警报
盲点监测（BSD）	侧视	利用侧视摄像头，将后视镜盲区内的景象显示在驾驶舱内
全景泊车（SVP）	前视、侧视、后视	利用车辆四周摄像头获取的影像，通过图像拼接技术，显示车辆周边的全景图
泊车辅助（PA）	后视	泊车时将车辆后方影像显示在驾驶舱内，预测并标记倒车轨迹，辅助驾驶人泊车
驾驶人注意力监测	内置	安装在车内，用于检测驾驶人是否疲劳、脸部特征等

查阅相关资料或观察实验车辆，找出实验车辆所装置的视觉传感器，并在图 4-11 中圈出对应的安装位置。

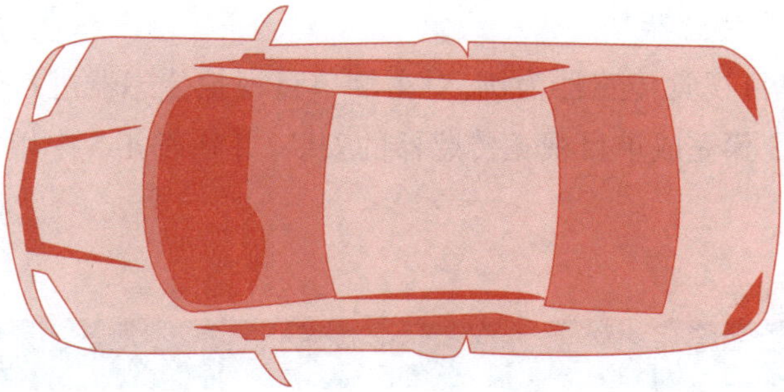

图 4-11　视觉传感器安装位置

2.1.2　技能演练

（1）操作准备

准备视觉传感器更换所需的工具和设备，见表 4-3。

表 4-3　工作准备

类别	所需物料
车辆防护用品	通用防护：车内防护用品、翼子板布 高压防护（新能源车辆）：绝缘垫、隔离带、高压警示牌、绝缘手套、绝缘鞋、护目镜
测试仪器、设备	扎带固定座、线束扎带、拆装工具套装、剪刀、撬板、实训车辆、扭力扳手

（2）拆卸视觉传感器

本任务以单目视觉传感器为例，对车辆单目视觉传感器进行拆卸。参照维修手册，按照标准步骤完成单目视觉传感器的拆卸，并在表 4-4 中填写相应步骤所用工具。

表 4-4　视觉传感器拆卸步骤

序号	操作内容	使用工具	注意事项
1	铺设车辆防护用品		按需铺设，电动车辆应铺设高压防护用品
2	拆卸车辆相关附件		按标准步骤进行拆卸
3	拆卸摄像头固定螺栓		摄像头由 2 颗螺栓固定
4	解开摄像头的线束固定扎带以及扎带固定座		记录好线束固定位置，若无法顺利解开扎带可以用剪刀剪断，注意不要损伤线束
5	断开摄像头与车辆之间的连接线束		—

（3）安装视觉传感器

本任务以单目视觉传感器为例，对车辆单目视觉传感器进行安装。参照维修手册，按照标准步骤完成单目视觉传感器的安装，并在表 4-5 中填写相应步骤所用工具。

表 4-5 视觉传感器安装步骤

序号	操作内容	使用工具	注意事项
1	连接摄像头与车辆之间的连接线束		上位机有多个 USB 插口，无须注意位置
2	按照摄像头的线路走线，利用扎带以及扎带固定座固定摄像头线束		调整线束长度，使摄像头能够安装到规定的固定位置
3	安装摄像头固定螺栓		摄像头由 2 颗螺栓固定
4	安装车辆相关附件		按标准步骤安装
5	整理及恢复		撤去相应防护用品

2.2 视觉传感器测试

2.2.1 知识学习

（1）视觉传感器的组成

视觉传感器的主要工作是采集环境图像并将图像输出为数字信号，提供给视觉系统进行处理。视觉传感器一般由光源、镜头、图像传感器、模数转换器、图像处理器、图像存储器等组成，而将光源、摄像机、图像处理器、标准的控制与通信接口等集成一体的视觉传感器称为智能图像采集与处理单元。视觉传感器的组成如图 4-12 所示。

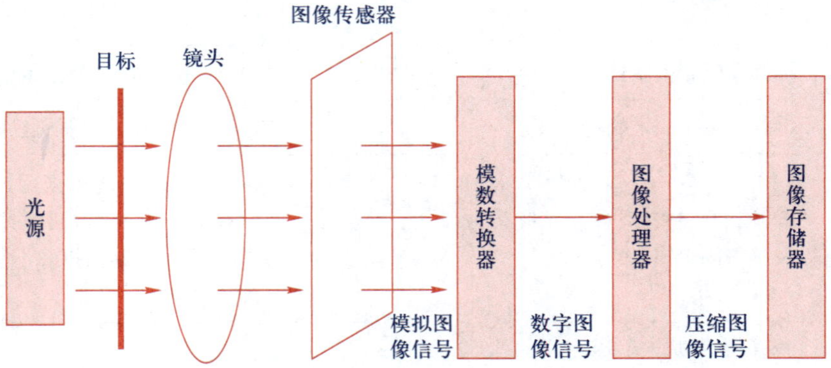

图 4-12 视觉传感器的组成

（2）图像数字化的原理

图像数字化是将连续色调的模拟图像经采样量化后转换成数字图像的过程。图像数字化运用的是计算机图形和图像技术，将模拟图像转换为数字图像。图像数字化是进行数字图像处理的前提。图像数字化必须以图像电子化作为基础，把模拟图像转变成电子信号，随后才将其转换成数字图像信号。图像数字化流程主要分采样、量化与编码三个步骤，如图 4–13 所示。

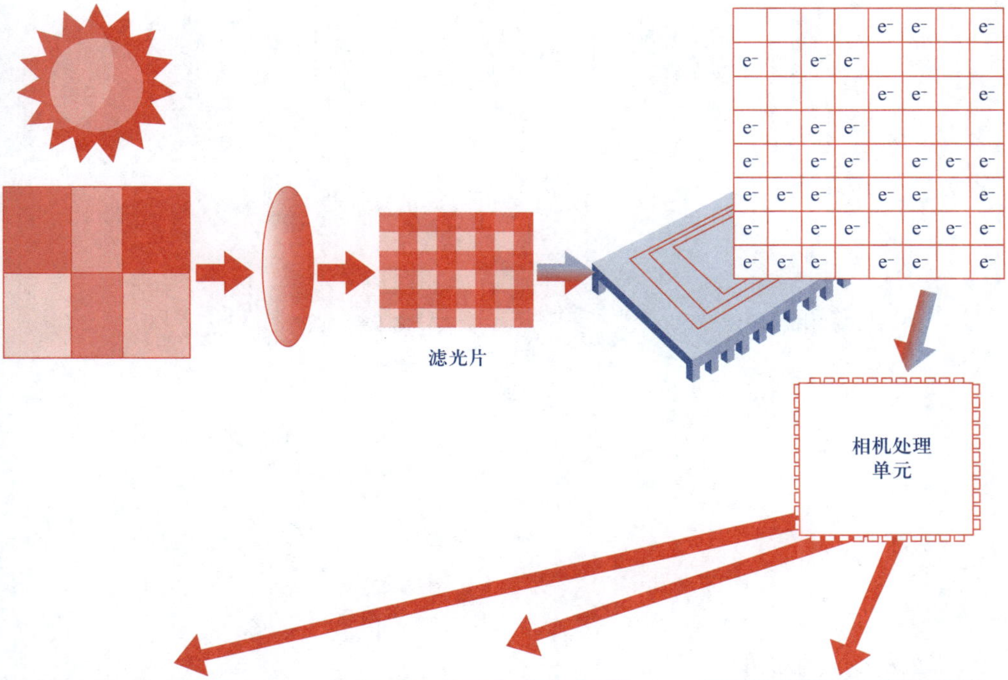

255	255	255	0	0	0	0	0
255	255	255	0	0	0	0	0
255	255	255	0	0	0	0	0
255	255	255	0	0	0	0	0
255	255	255	0	0	0	0	0
255	255	255	255	255	0	0	0
255	255	255	255	255	0	0	0
255	255	255	255	255	0	0	0

0	0	0	255	255	0	0	0
0	0	0	255	255	0	0	0
0	0	0	255	255	0	0	0
0	0	0	255	255	0	0	0
255	255	255	0	0	255	255	255
255	255	255	0	0	255	255	255
255	255	255	0	0	255	255	255
255	255	255	0	0	255	255	255

0	0	0	0	0	255	255	255
0	0	0	0	0	255	255	255
0	0	0	0	0	255	255	255
0	0	0	0	0	255	255	255
0	0	0	255	255	255	255	255
0	0	0	255	255	255	255	255
0	0	0	255	255	255	255	255
0	0	0	255	255	255	255	255

图 4–13　图像数字化流程

（3）计算机视觉识别的流程

计算机视觉识别的流程，首先是采集图像，将图像转换为系统可以识别的数字信号，以一定的格式展示出来；然后对采集的图像进行模式识别，通过对图像进行预处理，如压缩、增强、复原、分割等，用于提高特征提取精度，再通过匹配算法识别出图像中的道路、车辆、行人、标志等；最后依据不同物体的运动或双目定位，估算物体与车身的相对距离及相对速度。计算机视觉识别流程如图 4–14 所示。

（4）视觉传感器测试流程

当实验车辆需要在不同的行驶测试道路上进行行驶、测试时，以及调整摄像头位置或更换摄像头后，需要对实验车辆摄像头进行重新测试。测试流程如图 4–15 所示。

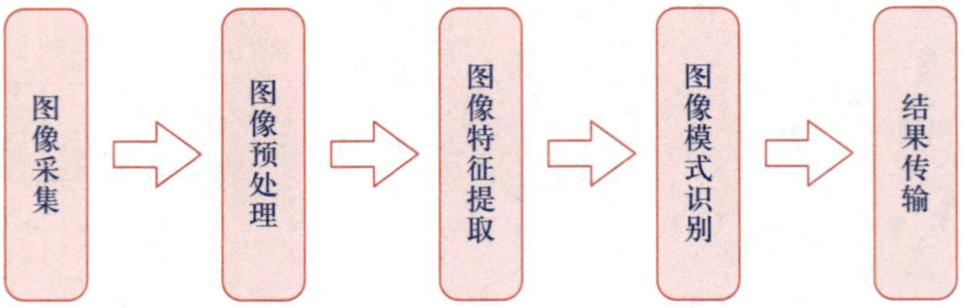

图 4–14　计算机视觉识别流程

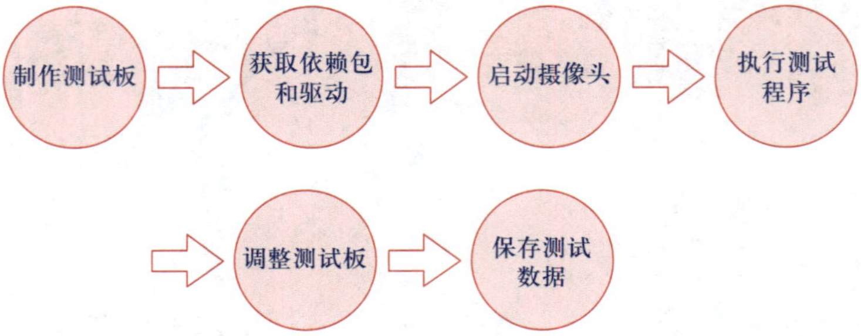

图 4–15　视觉传感器标定流程

2.2.2　技能演练

（1）操作准备

准备视觉传感器测试所需的工具和设备，见表 4–6。

表 4–6　工作准备

类别	所需物料
车辆防护用品	通用防护：车内防护用品、翼子板布 高压防护（新能源车辆）：绝缘垫、隔离带、高压警示牌、绝缘手套、绝缘鞋、护目镜
测试仪器、设备	棋盘测试，计算机

（2）视觉传感器标定

本任务以单目视觉传感器为例，对车辆单目视觉传感器进行测试。根据上述知识内容及相关维修手册，按照表 4–7 中标准步骤完成单目视觉传感器的测试。

表 4-7　视觉传感器标定步骤

序号	操作内容	输入代码	注意事项
1	棋盘测试制作	—	通过 A4 纸打印出即可
2	获取依赖包和驱动	rosdep install camera_calibration	一般情况下，在安装完 ros-desktop-full 版本之后，上面的 ros 包和驱动已经安装好了
3	启动摄像头	source devel/setup.bash （配置环境变量） roslaunch usb_cam usb_cam-test.launch （打开摄像头） rostopic list （证明摄像头打开后已发出相应 topic）	此时会出现如下信息，说明摄像头已经发布主题 /usb_cam/camera_info /usb_cam/image_raw
4	执行测试程序	rosrun camera_calibration cameracalibrator.py --size 8x6 --square 0.108 image: =/usb_cam/image_raw camera: =/usb_cam  	cameracalibrator.py 测试程序需要以下几个输入参数 1）size：测试棋盘格的内部角点个数，这里使用的棋盘一共有 8 行，每行有 6 个内部角点 2）square：这个参数对应每个棋盘格的边长，单位是 m 3）image 和 camera：设置摄像头发布的图像话题 根据使用的摄像头和测试靶棋盘格尺寸，相应修改以上参数，即可启动测试程序
5	若未出现上述窗口，可执行下面指令	--no-service-check	—
6	将测试板放置在摄像头视野范围内	—	x：测试板左右移动 y：测试板上下移动 size：测试板前后移动 skew：测试板在倾斜转动

续表

序号	操作内容	输入代码	注意事项
7	当“calibrate”按钮激活时，点击按钮并等待至系统提示	—	点击“SAVE”保存到默认路径下。 点击“commit”提交。

（3）功能验证

通过计算机检测程序，对已安装测试的视觉传感器进行功能验证，确认视觉传感器已正确安装并可以正常使用。参照维修手册，按照表 4-8 中标准步骤完成视觉传感器的功能验证。

表 4-8　视觉传感器功能验证步骤

序号	操作内容 / 图示		输入命令	注意事项
1	启动 roscore		roscore	—
2	启动摄像头驱动		1. cd KnowHow/can_ws/ 2. source devel/setup.bash 3. roslaunch robot_vision usb_cam_640_360.launch	逐步输入左侧命令
3	启动图形化界面		rqt_image_view	—

续表

序号	操作内容 / 图示		输入命令	注意事项
4	效果验证	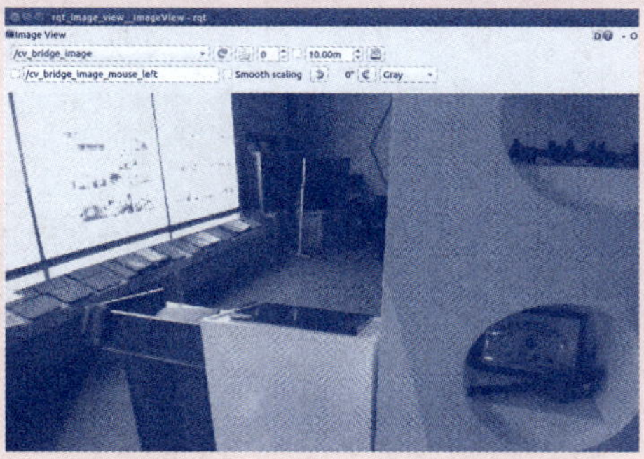	—	—

3. 任务总结

- 视觉传感器更换与测试
  - 环境感知系统
    - 什么是环境感知系统 → 采集车辆周围信息的系统
    - 环境感知系统由哪些部分组成 → 信息采集单元、信息处理单元、信息传输单元
  - 视觉传感器的更换
    - 什么是视觉传感器 → 将图像信息转换为电信号的传感器
    - 视觉传感器的分类方式 → 按芯片分类、按镜头排布分类
    - 视觉传感器有哪些特点 → 可识别图像信息，抗干扰，适应能力强
    - 常见的视觉传感器安装位置 → 根据功能不同安装在不同位置
    - 视觉传感器如何更换 → 视觉传感器的拆装步骤
  - 视觉传感器的测试
    - 视觉传感器由哪些部分组成 → 由光源、镜头、图像传感器、模数转换器、图像处理器、图像存储器等组成
    - 图像信息如何变为数字信息 → 将图像信息经过采样、量化和编码转换为数字信号
    - 计算机识别的流程有哪些 → 包括图像采集、图像预处理、图像特征提取、图像模式识别、结果传输
    - 视觉传感器的测试 → 视觉传感器的测试流程

任务五　激光雷达更换与测试

1. 任务信息

1.1　任务导入

时间：2019 年 12 月。

场景：售后维修中心。

人物：小王（技师）。

情节：客户车辆车道辅助功能失效，检查后判断为激光雷达故障，维修人员需对激光雷达进行更换，并对更换后的激光雷达进行测试作业。

1.2　任务要求

- 能够根据车辆故障现象，完成激光雷达更换的准备工作。
- 能够熟练使用拆装工具，完成激光雷达更换作业。
- 能够选用合适的工具、设备，完成激光雷达的测试作业。

2

2. 任务实施

2.1　激光雷达更换

2.1.1　知识学习

（1）车载雷达传感器定义

车载雷达传感器一般指在机动车领域使用的探测雷达，是环境感知系统中环境信息的重要来源之一。根据不同的功能需求，如测距、测速、障碍物识别、定位等，需要选用不同类型的雷达传感器。车载雷达传感器在 ADAS 中起到重要的作用，需承担起车辆的行驶安全以及驾驶舒适性。其中激光雷达多用于智能网联汽车及无人驾驶汽车中。

（2）雷达传感器分类

在智能网联汽车中，车载雷达传感器是环境感知系统中重要的组成部分，不同类型的雷达传感器承担不同的探测功能，如泊车辅助、自适应巡航、碰撞预警等。车载雷达传感器一般可以根据雷达的功能或雷达的工作原理进行分类。

1）按雷达功能分类

- 测速雷达。

车载测速雷达主要用于探测车辆自身速度。

• 障碍物探测雷达。

障碍物探测雷达可持续在可见度交叉的环境条件下持续观测车辆周边环境，可以提前发现行驶路径中的障碍物，并向驾驶人预警。

• 自适应巡航控制雷达。

自适应巡航控制雷达主要应用于监测前方车辆的位置、速度、距离等信息，在保证安全距离、安全车速的前提下，进行巡航行驶的控制。

• 防撞雷达。

防撞雷达一般指对行驶中的视觉盲区进行持续探测，当有物体靠近且距离不足安全距离时向车内驾驶人发出预警。

• 其他车辆监督和控制雷达。

部分雷达传感器可以实现对车辆行驶的控制，如车辆识别、定位、车队监督、车站调度、导航、选择行车路线等。

2）按雷达波分类

根据雷达传感器使用的雷达波分类，车载雷达常用的雷达类型包括激光雷达、毫米波雷达以及超声波雷达。雷达传感器的类型不同，其原理也不同，信号特征也有各自的优缺点，利用其不同的特征可以实现不同的探测功能。不同雷达波特征如图 5-1 所示。

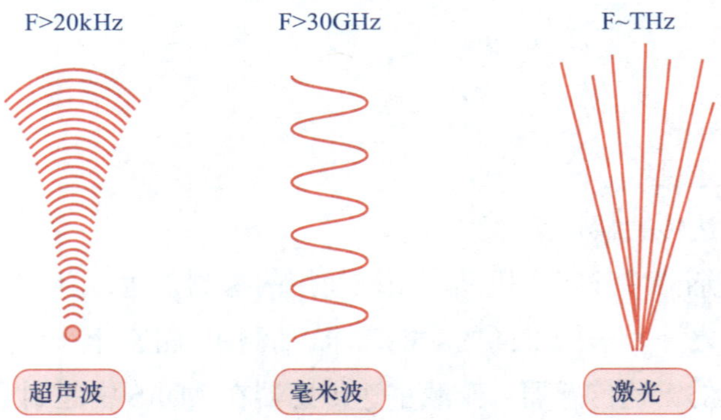

图 5-1　雷达波特征

（3）雷达传感器的特点

由于超声波、激光、毫米波的特性差异，不同雷达波类型的雷达在性能参数上也有所不同。在实际应用中，根据性能的差异，不同雷达有着不同的使用环境。车载雷达传感器性能对比见表 5-1。

表 5-1　车载雷达传感器性能对比

性能	类　型			
	超声波	毫米波	激光	红外线激光
探测距离	约 10 m	≥ 100 m	≥ 200 m	约 10 m
响应时间	较快（约 15 ms）	较快（约 15 ms）	较快（约 10 ms）	较慢（约 1 000 ms）
受污染、磨损等因素影响	几乎没有	不大	很大	不大
成本	很小	适中	高	很小
环境适应性	好	好	差	差

由于上述性能的差异，不同原理的雷达分别用于不同的工作场景。如超声波雷达在近距离探测中效果较好，能适应多种使用环境，且成本低廉，单个传感器成本低至数元；毫米波雷达可用于检测数百米内的障碍物，成本适中；激光雷达价格高昂，但性能较强，探测距离可达到数千米，但易受干扰，雨、雪、雾天气都会对其结果造成较大影响。

（4）激光雷达的作用

激光雷达（Light Detection And Ranging，LiDAR）是一种利用激光特性来探测物体的环境感知设备。其利用光的反射原理，根据激光从发射至反射接收的时间间隔，来测算出雷达传感器与被测物体的实际间距。同时，利用简单的三角函数，可根据激光的发射角度来计算出被测物体的位置信息，从而达到定位的作用。激光雷达如图 5-2 所示。

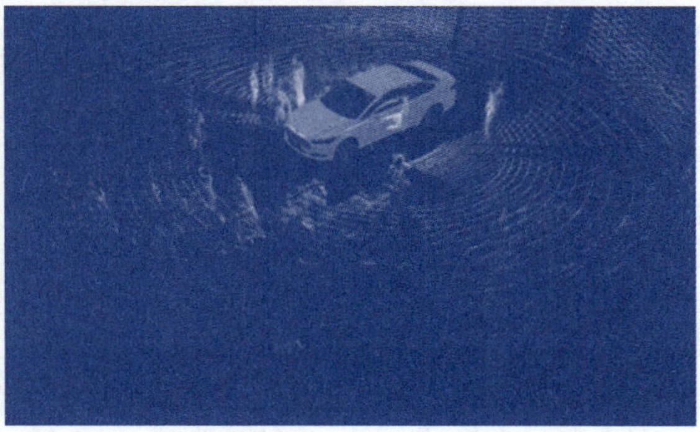

图 5-2　激光雷达

激光雷达使用的激光射线波长集中在 600~1 000 nm，其波长比传统雷达使用的无线电波更短，从而拥有更高的探测精度。也因此，激光雷达在测量物体距离及探测表面形状等功能上有更好的表现，探测距离可以达到 100 m 以上，探测精度可以达到厘米级别，是 ADAS 感知系统中重要的组成部分。

（5）激光雷达特点

激光属于光波波段，相比微波具有更短的波长。激光雷达特点如下。

- 自主发射激光，对光照条件无要求；
- 激光方向性好，发散角度小，具有更好的探测精度；
- 激光有更明显的多普勒频移，可探测速度范围更大；
- 激光不受无线电波干扰，且隐蔽性好，抗干扰能力强；
- 激光雷达波长较短，可探测分子量级的目标；
- 激光雷达可探测以自身为圆心 360° 的范围，且具有 3D 建模功能。

（6）激光雷达应用场景

激光雷达在智能网联汽车中，常见的应用场景如下。

1）定位导航

在运动定位中，位置传感器提供了智能车的大致的定位信息，在此基础上，激光雷达从环境中感知的信息用来在小范围内和已知地图匹配，实现对位置传感器定位的校正。

激光雷达在定位中的最主要的作用就是对位置传感器定位的校正。激光雷达定位导航如图 5-3 所示。

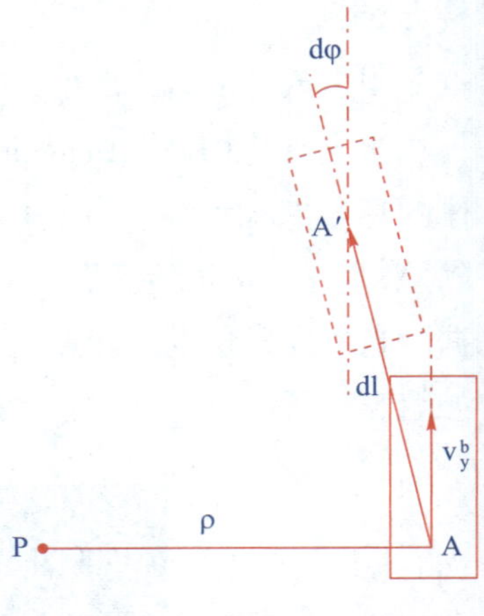

图 5-3　激光雷达定位导航

2）障碍检测及运动目标跟踪

根据激光雷达数据的特点，利用点和线段特征来描述环境；提取出当前时刻的点或线段特征，与已知地图进行匹配，从而得到车辆的位置估计。这种方法需要建立环境的地图，并在已知地图的基础上进行定位，需要解决对环境地图的描述和地图自动生成问题、环境地图的匹配问题以及定位的精度问题。

在无人驾驶系统中，实现障碍物的检测常用的传感器有双目立体相机、激光雷达等。相比于双目立体相机，激光雷达在深度信息的准确性以及检测范围上要更为出色。激光雷达障碍检测及运动目标跟踪如图 5-4 所示。

3）在车辆检测与智能交通信号控制中的应用

在重要交通路口的信号控制系统中，通过地面三维激光扫描仪对道路一定距离进行连续扫描，可以获得道路上的实时、动态的车流量点云数据，可以得到高精度的车流 DEM 数据，利用这些车流 DEM 数据可以获取道路车辆到达信息。

弥补视频检测和监控的不足，使智能交通信号控制系统能够获取实时的交通模型和车流实时信息反馈，并检测车辆排队长度，预测短暂未来交通流趋势，从而实时调整周期、绿信比和相位差以适应不同的交通流，减少拥堵，降低延误，提高道路通行能力。激光雷达车辆检测与智能交通信号控制如图 5-5 所示。

图 5-4　激光雷达障碍检测及运动目标跟踪

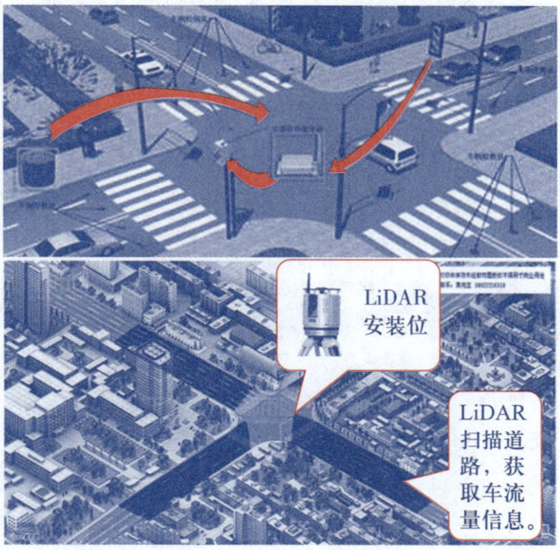

图 5-5　激光雷达车辆检测与智能交通信号控制

（7）激光雷达安装位置

查阅相关资料或观察实验车辆，找出实验车辆激光雷达安装位置，并在图 5-6 中圈出对应的安装位置。

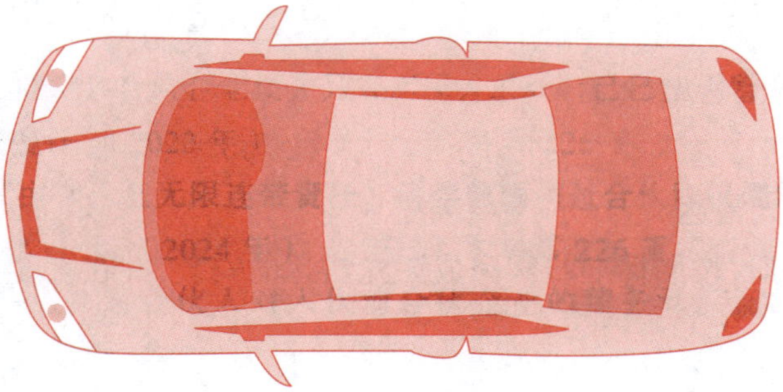

图 5-6　激光雷达安装位置

2.1.2 技能演练

（1）操作准备

准备激光雷达更换所需的工具和设备，见表 5–2。

表 5–2 工作准备

类别	所需物料
车辆防护用品	通用防护：车内防护用品、翼子板布 高压防护（新能源车辆）：绝缘垫、隔离带、高压警示牌、绝缘手套、绝缘鞋、护目镜
测试仪器、设备	激光雷达线束、拆装工具套装、扭力扳手、撬板、实训车辆

（2）拆卸激光雷达

参照维修手册，按照标准步骤完成激光雷达的拆卸，并在表 5–3 中填写相应步骤所使用工具。

表 5–3 激光雷达拆卸步骤

序号	操作内容	使用工具	注意事项
1	铺设车辆防护用品		按需铺设，电动车辆应铺设高压防护
2	整车断电		禁止带电操作
3	拆卸车辆相关附件		按标准流程进行拆卸
4	拆卸激光雷达连接线束		拆卸下来的线束应当妥善保存
5	拆卸激光雷达固定螺栓		拆卸下来的固定螺栓应当妥善保存
6	取下激光雷达及接线盒		—

（3）安装激光雷达

参照维修手册，按照标准步骤完成激光雷达的安装，并在表 5–4 中填写相应步骤所使用工具。

表 5-4　激光雷达安装步骤

序号	操作内容 / 图示	使用工具	注意事项
1	将激光雷达及接线盒固定在车身安装位置上		安装激光雷达时线缆方向朝向车辆的后方
2	按标准力矩安装激光雷达固定螺栓		水平安装在车顶部，对地高度 1.5 m，水平放置，精度在 2° 以内。
3	连接激光雷达线束 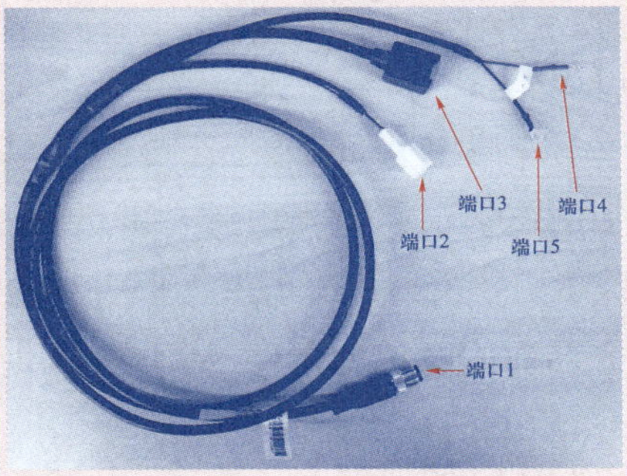		端口 1（8 pin 公头）与激光雷达上的 8 pin 母头连接
4	激光雷达线束连接：将激光雷达电源接口（端口 4、端口 5）接入车上的 12 V 接线盒		—
5	激光雷达线束连接：将端口 2（授时）与 IMU 的授时端口相连		—
6	激光雷达线束连接：将端口 3（网线接口）通过网线与工控机相连		连接线束过程中务必保证整车断电，确认接线无误后才可上电
7	安装车辆相关附件		按标准流程进行安装
8	整理及恢复		撤去相应防护用品

2.2　激光雷达测试

2.2.1　知识学习

（1）激光雷达的组成

激光雷达是由激光发射系统、光电接收系统、信号采集处理系统、控制系统等组成，其简化结构如图 5-7 所示。

激光雷达发射系统主要负责向障碍物发出激光信号；接收系统主要负责接收经障碍物反射回来的激光信息；信号采集处理系统主要负责将接收的信号进行处理，使它能够符合下一级系统的要求，它是激光雷达系统最关键的环节，将直接影响激光雷达系统的测量精度；控制系统主要作用是提供信号并且对接收的信号进行数据处理。

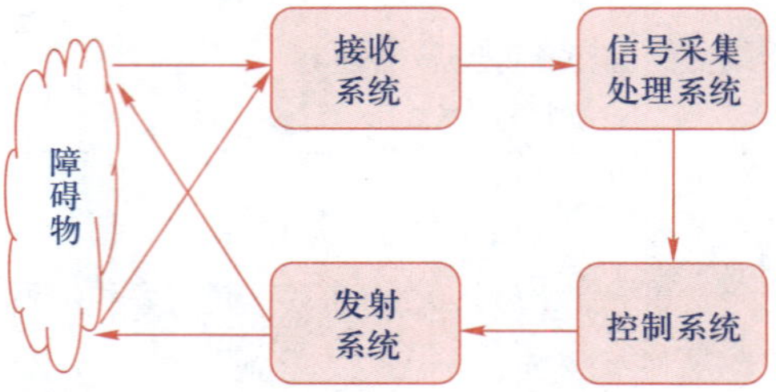

图 5-7　激光雷达

（2）激光雷达工作原理

激光雷达基本的测距原理是利用光的反射，首先由激光雷达发射出激光束，激光束经空气传播直至遇到障碍物，被障碍物反射回来的激光束由激光接收系统接收和处理，通过激光从发射到反射回来的时间及反射角度，从而测算出障碍物的实际距离及相对位置，如图 5-8 所示。

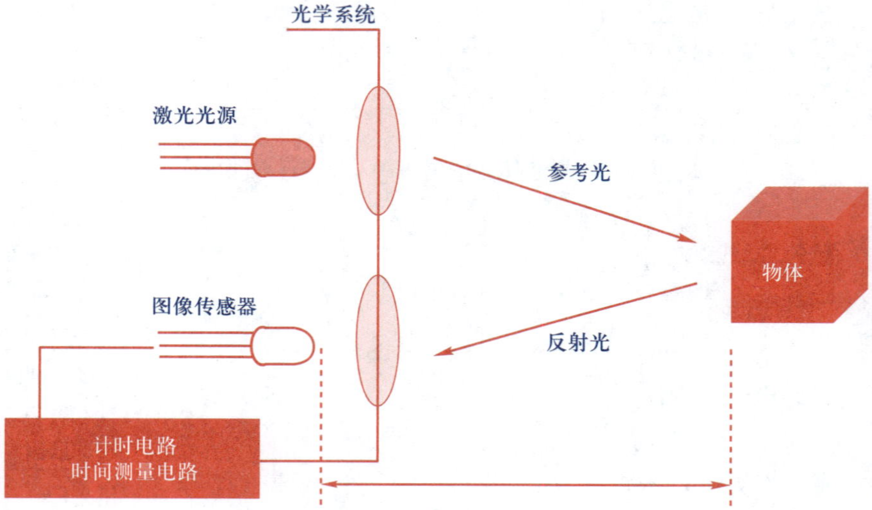

图 5-8　激光雷达工作原理

（3）激光雷达障碍物检测

激光雷达比视觉传感器在距离判定上更为精确。视觉传感器对障碍物的检测基于单一的图像，根据障碍物形状大小无法准确判定出与障碍物的实际距离；多目视觉传感器又因为图像处理较为耗时，难以满足实时需求。

使用激光雷达探测障碍物可以有效地避免上述问题，利用激光雷达生成的点云图，可以轻松地探测到障碍物的形状、大小、距离，探测精度远大于视觉传感器，在光线较暗的地方依旧可以正常使用，没有视觉传感器对光线的依赖。图 5-9 所示为激光雷达生成的点云图。

图 5-9　激光雷达点云图

（4）激光雷达测试流程

实验车辆更换激光雷达后，需要通过电脑程序进行激光雷达的测试工作，使其可以正常工作。测试流程如图 5-10 所示。

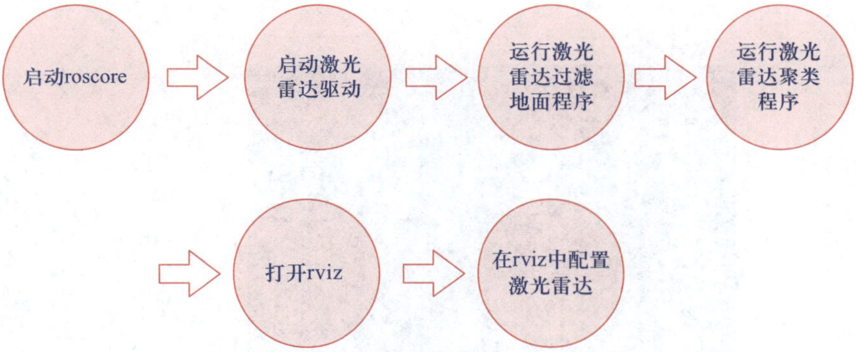

图 5-10　激光雷达测试流程

2.2.2　技能演练

（1）操作准备

准备激光雷达测试所需的工具和设备，见表 5-5。

表 5-5　工作准备

类别	所需物料
车辆防护用品	通用防护：车内防护用品、翼子板布 高压防护（新能源车辆）：绝缘垫、隔离带、高压警示牌、绝缘手套、绝缘鞋、护目镜
测试仪器、设备	计算机、rviz 点云可视化工具

（2）激光雷达测试

通过计算机检测程序，对已安装的激光雷达进行测试，确认激光雷达已正确安装并可以正常使用。参照维修手册，按照表 5-6 中步骤完成激光雷达的测试。

表 5-6　激光雷达功能验证

<table>
<tr><th>序号</th><th colspan="2">操作内容 / 图示</th><th>输入命令</th><th>注意事项</th></tr>
<tr><td>1</td><td>启动 roscore</td><td>
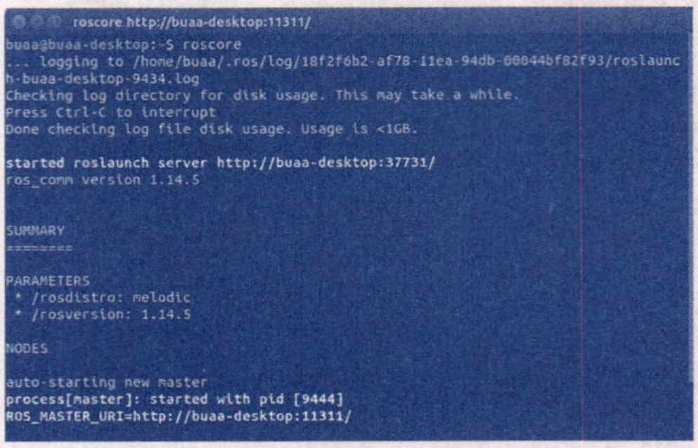

</td><td>roscore</td><td>—</td></tr>
<tr><td>2</td><td>启动激光雷达驱动</td><td>
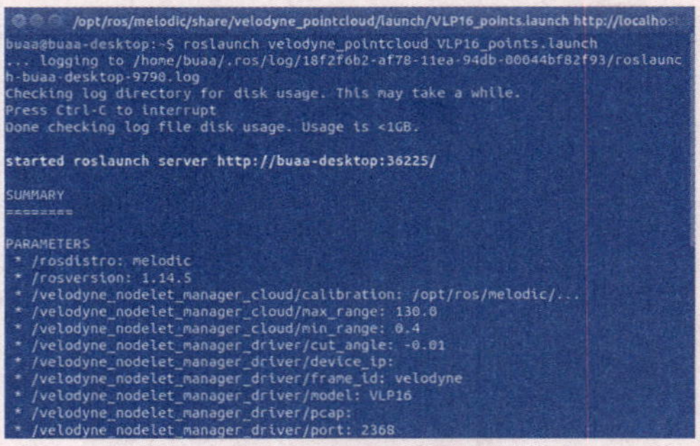

</td><td>roslaunch velodyne_pointcloud VLP16_points.launch</td><td>重新打开终端，输入命令</td></tr>
<tr><td>3</td><td>运行激光雷达过滤地面程序</td><td>
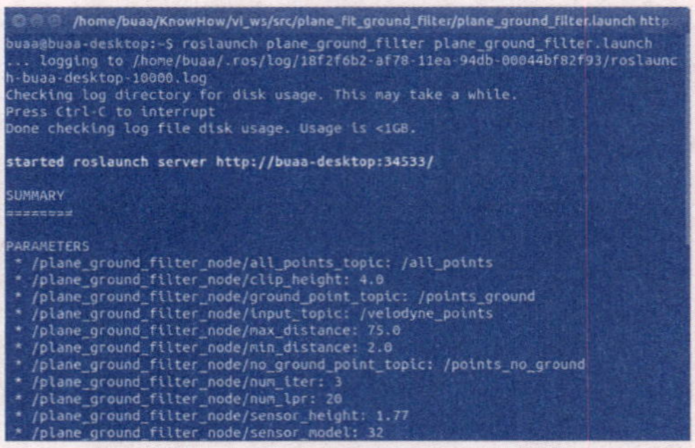

</td><td>roslaunch plane_ground_filter plane_ground_filter.launch</td><td>重新打开终端，输入命令</td></tr>
</table>

续表

序号	操作内容 / 图示		输入命令	注意事项
4	运行激光雷达聚类程序	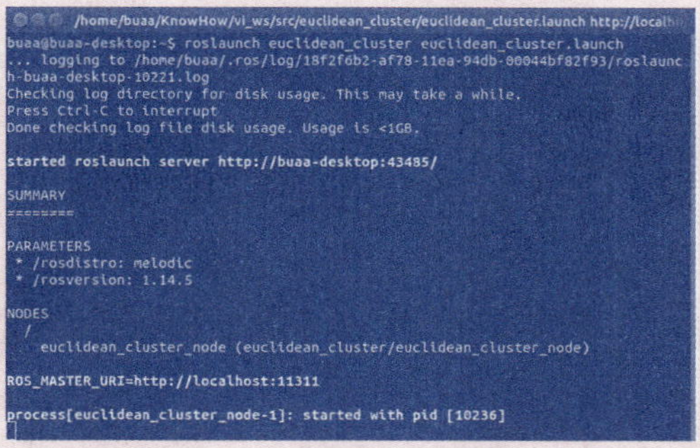	roslaunch euclidean_cluster euclidean_cluster.launch	重新打开终端,输入命令
5	打开 rviz	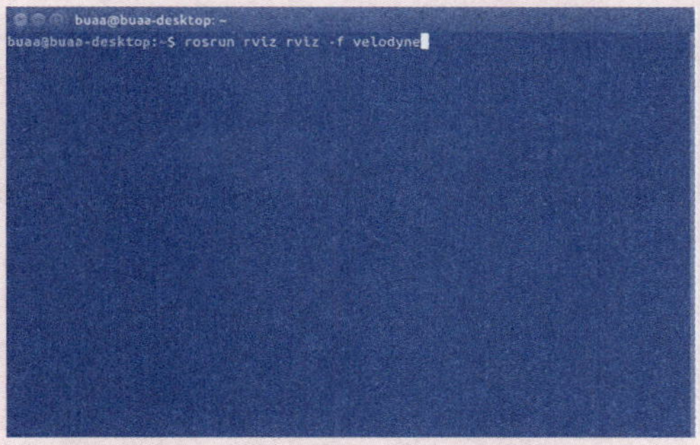	rosrun rviz rviz –f velodyne	重新打开终端,输入命令
6	在 rviz 中配置激光雷达	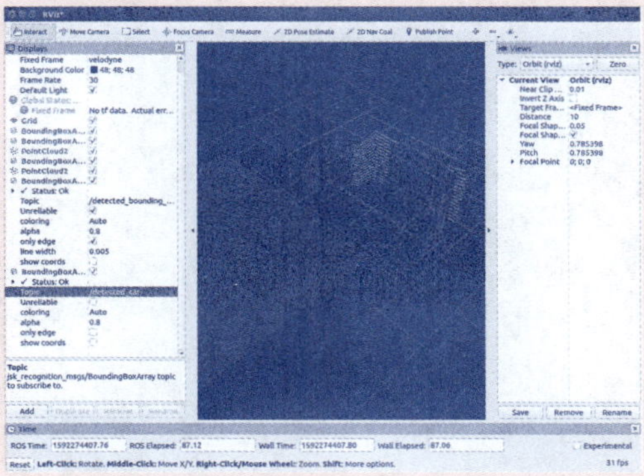	—	1. by topic 添加 /points_no_ground 2. by display type 添加 BoundingBoxArray(添加两次)

3. 任务总结

- 激光雷达更换与测试
  - 雷达传感器
    - 什么是车载雷达传感器 → 在机动车领域中根据需求选用的探测雷达
    - 车载雷达传感器的分类方式 → 根据功能及雷达波分类
    - 不同雷达传感器的性能区别 → 超声波、激光、毫米波雷达的性能差异
  - 激光雷达的更换
    - 什么是激光雷达 → 利用激光特性来探测物体的环境感知设备
    - 激光雷达有哪些特点 → 方向性好、范围大、精度高等
    - 激光雷达的应用场景有哪些 → 定位导航、障碍检测、运动目标跟踪、车辆检测以及交通信号控制
    - 激光雷达如何更换 → 激光雷达的拆装步骤
  - 激光雷达的测试
    - 激光雷达由哪些部分组成 → 由激光发射系统、光电接收系统、信号采集处理系统、控制系统等组成
    - 激光雷达的工作原理 → 利用光的反射原理测量测算距离
    - 激光雷达如何对障碍物检测 → 利用激光雷达生成的点云图测算障碍物的形状、大小、距离等
    - 激光雷达的测试 → 激光雷达的测试流程

任务六　毫米波雷达更换与测试

1. 任务信息

1.1　任务导入

时间：2019 年 11 月。

场景：售后维修中心。

人物：小王（技师）。

情节：客户车辆 ACC 自适应巡航功能无法开启，检查后判断为毫米波雷达部件发生故障，维修人员需对毫米波雷达进行更换与测试。

1.2　任务要求

- 能够根据车辆故障现象，完成毫米波雷达更换的准备工作。
- 能够使用拆装工具，完成毫米波雷达更换作业。
- 能够选用合适的工具、设备，完成毫米波雷达的测试作业。

2. 任务实施

2.1　毫米波雷达更换

2.1.1　知识学习

（1）毫米波雷达作用

毫米波雷达指利用毫米波特性，通过毫米波从发射信号到接收反射信号所用时间来计算车身与障碍物间的距离。毫米波通常指波长处于 1~10 mm 的电磁波，其波长介于微波（1 mm~1 m）与红外光波（760 nm~1 mm）之间，兼具微波雷达的穿透性以及光波雷达的抗干扰、精度高等优点。毫米波雷达示意图如图 6–1 所示。

（2）毫米波雷达性能特点

毫米波波长介于厘米波与光波（波长在 0.3~3 μm 的电磁波）之间，具有波长短、频段宽、易实现窄波束、分辨率高、不易受干扰等特点，其兼具微波制导和光电制导的优点。

毫米波雷达测量范围根据雷达性能的强弱有所差异，通常在 30~100 m。毫米波雷达工作频率为 30~3 000 GHz，其通过反射波信号的频率变化，计算出物体移动速度的变化。同时，因为毫米波具有较强的穿透性，所以毫米波雷达在较为恶劣的工作环境下也能正常工作，不受天气的影响。

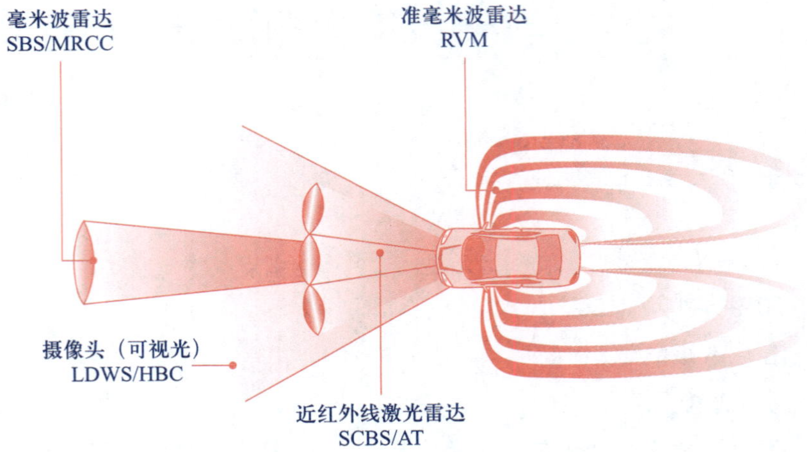

图 6-1　毫米波雷达示意图

由于以上特性，毫米波雷达被广泛应用于车载距离探测，如自适应巡航、碰撞预警、盲区探测、自动紧急制动等。毫米波雷达的优缺点见表 6-1。

表 6-1　毫米波雷达优缺点

分类	内容
优点	高分辨率，小尺寸；由于天线和其他的微波元器件尺寸与频率有关，因此毫米波雷达的天线和微波元器件可以较小，小的天线尺寸可获得窄波束
	抗干扰，大气衰减虽然限制了毫米波雷达的性能，但有助于减小许多雷达一起工作时的相互影响
	与红外系统相比，毫米波雷达可以直接测量距离和速度信息
缺点	发射机的功率低；波导器件中的损耗大
	同频段毫米波相互叠加，导致信号劣化
	高湿环境下，有效探测距离较低
	毫米波器件价格昂贵，不能大批量生产装备

（3）毫米波雷达的应用

毫米波雷达发展至今已有 70 多年的历史。随着技术的提高，毫米波雷达的探测距离越来越长，探测精度越来越高。作为汽车环境感知系统的重要组成部分，毫米波雷达可以探测车身周边物体的速度、距离、角度等信息，供决策系统对车辆行驶状态进行控制。

由于各国分配的频段不同，车载毫米波雷达主要有 24 GHz、60 GHz、77 GHz、79 GHz 等几个频段。不同频段的毫米波特性如表 6-2 所示。

表 6-2　不同频段毫米波特性

频段	24 GHz	77 GHz	79 GHz
带宽	100 MHz	500 MHz	2 GHz
距离	中近距离	中长距离	中近距离
距离分辨率	1.5 m	0.3 m	0.075 m
角度分辨率	较差	7°~14°	7°~14°
点云	不适用	较差	较好
国内频段	已批准	已批准	未开放

现阶段各国主要采用的车载毫米波雷达的形式为 24 GHz 近距离雷达 +77 GHz 远距离雷达的组合。2015 年日内瓦世界无线电通信大会将 77.5~78.0 GHz 频段划分给无线电定位业务，该频段有较远的探测距离、更大的带宽、更高的分辨率，在今后的发展中会逐渐成为主流频段。24 GHz 在 2012 年由工信部划分给了车载雷达使用，其在车上主要负责近距离探测。车载毫米波雷达主要分为前向毫米波雷达以及角向毫米波雷达，安装于车辆四周，负责采集车辆四周不同方向障碍物的速度、位置等，用以实现自适应巡航控制（ACC）、前方避碰报警（FCW）、盲点检测（BSD）、辅助停车（PA）、辅助变道（LCA）等 ADAS 功能。

（4）毫米波雷达安装位置

查阅相关资料或观察实验车辆，找出实验车辆的毫米波雷达安装位置，并在图 6-2 中圈出对应的安装位置。

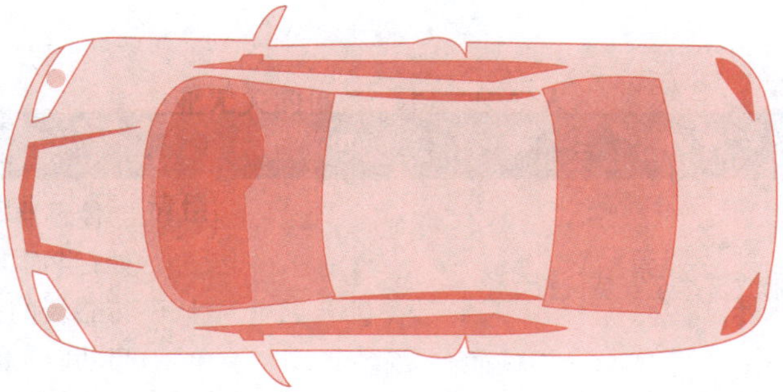

图 6-2　毫米波雷达安装位置

2.1.2　技能演练

（1）操作准备

准备毫米波雷达更换所需的工具和设备，见表 6-3。

表 6-3　工作准备

类别	所需物料
车辆防护用品	通用防护：车内防护用品、翼子板布 高压防护（新能源车辆）：绝缘垫、隔离带、高压警示牌、绝缘手套、绝缘鞋、护目镜
测试仪器、设备	拆装工具套装、扭力扳手、撬板、实训车辆

（2）拆卸毫米波雷达

参照维修手册，按照标准步骤完成毫米波雷达的拆卸，并在表 6-4 中填写相应步骤所用工具。

表 6-4　毫米波雷达拆卸步骤

序号	操作内容	使用工具	注意事项
1	铺设车辆防护用品		按需铺设，电动车辆应铺设高压防护用品
2	整车断电		禁止带电操作
3	拆卸车辆相关附件		按标准流程进行拆卸
4	断开毫米波雷达相关线束		轻拿轻放
5	拆卸毫米波雷达固定螺栓		注意拆下的螺栓不要丢失
6	取下毫米波雷达		—

（3）安装毫米波雷达

参照维修手册，按照标准步骤完成毫米波雷达的安装，并在表 6-5 中填写相应步骤所用工具。

表 6-5　毫米波雷达安装步骤

序号	操作内容	使用工具	注意事项
1	固定毫米波雷达至安装位置		传感器安装在车前方中心处，当面向车辆正前方时，传感器的正面朝向人，连接口朝向人的右手边
2	按标准力矩紧固固定螺栓		—
3	毫米波雷达线束连接： 将传感器 CAN 通信接口与 Apollo 的 CAN1 口连接		传感器接口及定义：其中，端口 1 接 12 V 直流电源；端口 8 接 GND；端口 4 接 CAN_L；端口 7 接 CAN_H

续表

序号	操作内容	使用工具	注意事项
4	毫米波雷达线束连接： 电源接口接入 12V 直流电源		车辆上提供 12 V 电源接线盒
5	毫米波雷达线束连接： 毫米波雷达 CAN 接口与工控机的 CAN1 接口连接		—
6	安装车辆相关附件		按标准流程进行安装
7	整理及恢复		撤去相应防护设备

2.2 毫米波雷达测试

2.2.1 知识学习

（1）多普勒效应

多普勒效应是毫米波雷达测距及测速的基本工作原理。

多普勒效应主要内容为波的波长与频率在波源与观测者间产生相对运动时发生变化，即波在波源移向观察者时接收频率变高，而在波源远离观察者时接收频率变低，多普勒效应示意图如图 6-3 所示。

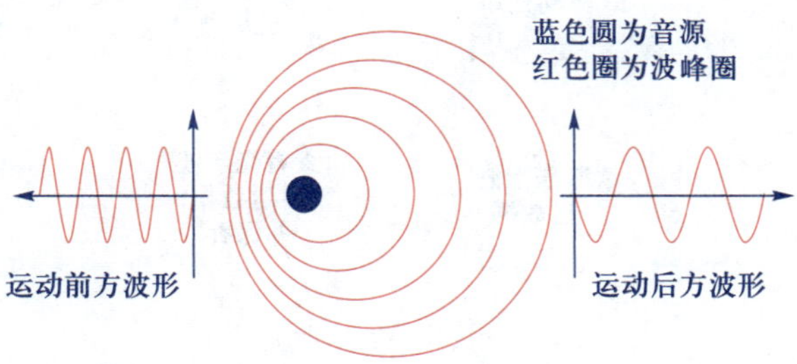

图 6-3 多普勒效应示意图

（2）毫米波雷达工作原理

车载毫米波雷达根据发射波调制的方式不同，一般分为脉冲方式和调频连续波方式两种。

脉冲方式很少出现在车辆领域，其结构复杂，成本较高，信号易受干扰，元器件易损坏，不适用于量产车型。其工作原理是在极短时间内发射大功率的信号脉冲，再通过脉冲信号控制雷达发射高频信号。

调频连续波方式是目前大多数车载毫米波雷达选择的信号调制方式，该调制方式的毫米波雷达结构简单，体积轻便，适用于普通民用车型。其工作原理为发射连续调频的信号，当信号遇到障碍物时会产生回波，回波较发射信号有一定的延时，通过混频器对信号进行混频处理，可以得到障碍物的相对距离及相对速度。调频连续波测量原理示意图如图 6–4 所示。

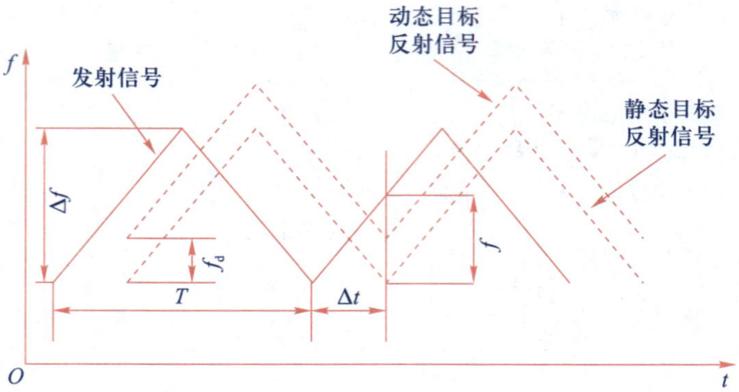

图 6–4　调频连续波测量原理示意图

（3）毫米波雷达测试流程

通过计算机程序为已更换毫米波雷达的实验车进行测试工作，验证其是否可以正常工作。测试流程如图 6–5 所示。

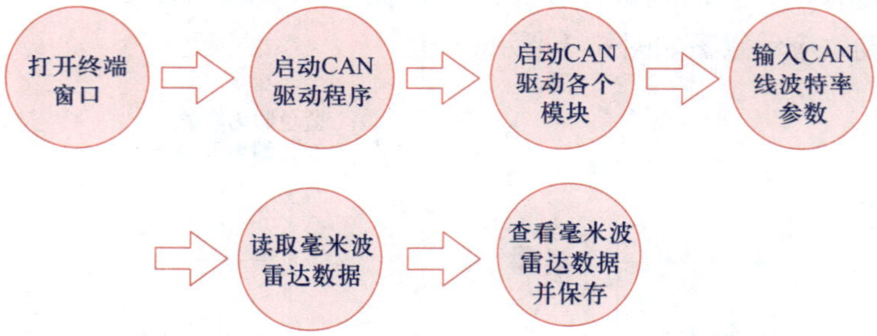

图 6–5　毫米波雷达测试流程

2.2.2　技能演练

（1）操作准备

准备毫米波雷达测试所需的工具和设备，见表 6–6。

表 6–6　工作准备

类别	所需物料
车辆防护用品	通用防护：车内防护用品、翼子板布 高压防护（新能源车辆）：绝缘垫、隔离带、高压警示牌、绝缘手套、绝缘鞋、护目镜
测试仪器、设备	计算机

（2）毫米波雷达测试

根据上述知识内容及相关维修手册，按标准步骤完成毫米波雷达的测试，见表 6–7。

表 6–7　毫米波雷达测试步骤

序号	操作项目	操作内容
1	打开终端窗口	快捷键 Ctrl+Alt+T
2	启动 can 驱动程序	输入：sudo modprobe can（密码 nvidia）
3	启动 can 驱动各个模块	依次输入：sudo modprobe can–raw sudo modprobe can–bcm sudo modprobe can–gw sudo modprobe can–dev sudo modprobe mttcan
4	输入毫米波雷达 can 线波特率参数	输入：sudo ip link set can1 type can bitrate 500000
5	读取毫米波雷达数据	输入：sudo ip link set up can1 打开毫米波雷达 can1
6	查看毫米波雷达数据并保存	输入：candump can1

3. 任务总结

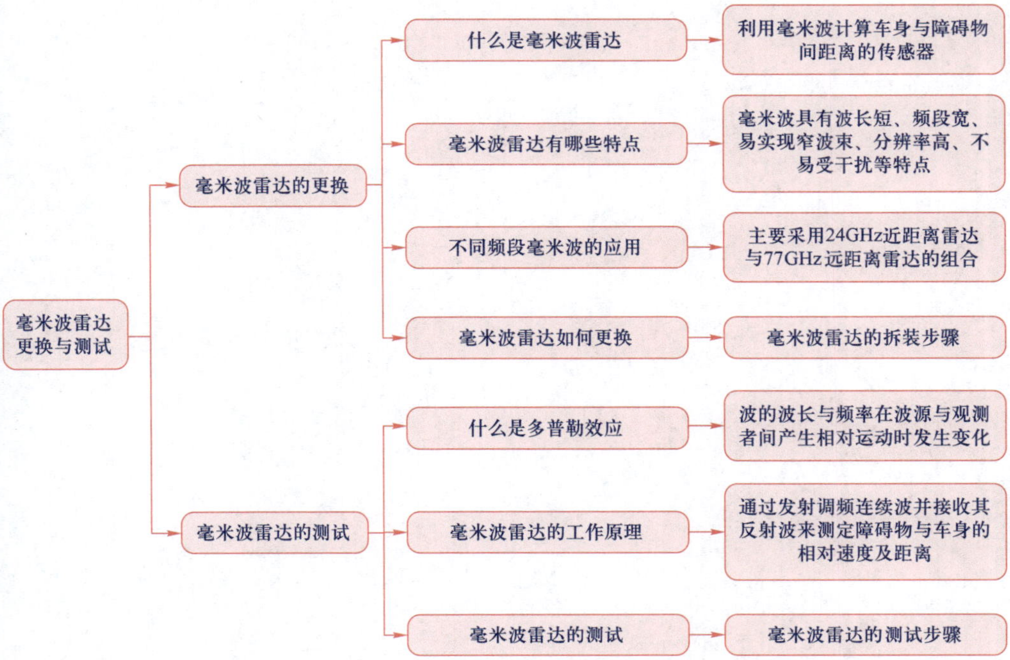

任务七　定位系统更换

1. 任务信息

1.1　任务导入

时间：2020 年 1 月。

场景：售后维修中心。

人物：小王（技师）。

情节：客户车辆导航功能失效，检查后判断为定位系统故障，维修人员需对定位系统相关部件进行更换。

1.2　任务要求

- 能够根据车辆故障现象，完成定位系统更换的准备工作。
- 能够熟练使用拆装工具，完成定位系统更换作业。

2. 任务实施

2.1　知识学习

（1）车载定位系统分类

现有的车载定位系统可大致分为三类，其定位原理及传感器类型均有所差异。在实际应用中，根据不同类型定位系统的特点，可将多种定位技术融合使用，提高定位的准确性。

1）信号定位

信号定位是通过测量车身与卫星间的距离来测算出车辆与卫星间的相对位置，进而推导出车辆在空间中的绝对位置。全球导航卫星系统（Global Navigation Satellite System，GNSS）即为信号定位的典型代表。

2）航迹递推

航迹递推主要功能是记录车辆本身的运动轨迹。其通过加速度计、陀螺仪、里程计等传感器记录车辆在空间中各方向的加速度变化及车身姿态变化，再根据上一时刻车辆的位置和航向，推导出当前时刻汽车的位置和航向，且无须对车辆外部收发任何信号。惯性导航系统（Inertial Navigation System，INS）为航迹递推的典型代表。

3）地图匹配

地图匹配需要提前存储高精地图，使用时通过激光雷达或视觉传感器实时采集车身周边环境，再将采集信息与高精地图比对，进而推导出车辆在地图中的相对位置。

本任务主要介绍全球导航卫星系统及惯性导航系统。

（2）车载定位系统功能

车载定位系统可以通过卫星定位等方式实时获得车辆的位置、速度、轨迹等信息，这些信息在用于车辆行驶、车辆安全等功能外，还可用于车辆相关的服务中。常见的车载定位系统功能如表 7-1 所示。

表 7-1　车载定位系统功能

系统功能	功能描述
车辆跟踪	利用 GPS 和电子地图可以实时显示出车辆的实际位置，并可任意放大、缩小、还原、换图；可以随目标移动，使目标始终保持在屏幕上；还可实现多窗口、多车辆、多屏幕同时跟踪。利用该功能可对重要车辆和货物进行跟踪运输
路线规划与导航	提供出行路线规划是汽车导航系统的一项重要的辅助功能，它包括自动线路规划和人工线路设计。自动线路规划是由驾驶者确定起点和目的地，由计算机软件按要求自动设计最佳行驶路线，包括最快的路线、最简单的路线、通过高速公路路段次数最少的路线的计算。人工线路设计是由驾驶人根据自己的目的地设计起点、终点和途经点等，自动建立路线库。线路规划完毕后，显示器能够在电子地图上显示设计路线，并同时显示汽车运行路径和运行方法
信息查询	为用户提供周边主要路标，如旅游景点、宾馆、医院等信息，用户能够在电子地图上显示其位置。同时，监测中心可以利用监测控制台对区域内的任意目标所在位置进行查询，车辆信息将以数字形式在控制中心的电子地图上显示出来
话务指挥	指挥中心可以监测区域内车辆运行状况，对被监控车辆进行合理调度。指挥中心也可随时与被跟踪目标通话，实行管理
紧急援助	通过 GPS 定位和监控管理系统可以对遇有险情或发生事故的车辆进行紧急援助。监控台的电子地图显示求助信息和报警目标，规划最优援助方案，并以报警声光提醒值班人员进行应急处理
自动驾驶	自动驾驶技术依赖于车载定位系统的精准定位，通过位置信息匹配地图信息，才可以规划出合理的行驶路径，是自动驾驶功能实现的基础。GPS 还可以为全车提供精准的授时能力，大大降低多传感器融合使用时的信息误差

（3）卫星定位技术

卫星定位是一种使用卫星对某物体进行准确定位的技术，以人造地球卫星作为导航台，为全球海陆空的各类军民载体提供全天候的、高精度的位置、速度和时间信息。在任意时刻，地球上任意一点都可以同时观测到 4 颗卫星，以便用户实现导航、定位、授时等功能。卫星定位技术示意图如图 7-1 所示。

图 7-1　卫星定位技术示意图

在智能网联汽车领域，卫星定位技术在定位系统中起到主要作用，可以提供精度较高的车辆位置信息。将高精度位置信息与高精地图匹配，即可获得良好的导航功能。同时，卫星定位技术还可以为其他高精度传感器提供时间信息校准以及时空信息，可作为自动驾驶技术的基础。

（4）全球导航卫星系统种类

目前世界上著名的导航卫星系统有美国的全球定位系统（Global Positioning System，GPS）、俄罗斯的全球导航卫星系统（Global Navigation Satellite System，GLONASS）、中国的北斗卫星导航系统（BeiDou Navigation Satellite System，BDS）以及欧盟的伽利略卫星导航系统（Galileo satellite navigation system）。各系统特点如表 7-2 所示。

表 7-2　全球导航卫星系统特点

序号	名称	国家 / 组织	特点
1	GPS	美国	GPS 提供具有全球覆盖、全天时、全天候、连续性等优点的三维导航和定位能力，作为先进的测量、定位、导航和授时手段，除了在军事上起着举足轻重的作用外，在国家安全、经济建设和民生发展的各个方面都扮演着重要的角色
2	GLONASS	俄罗斯	GLONASS 是苏联时期开始建设，俄罗斯运行的导航系统，同样能够为海陆空的民用和军用提供全球范围内的实时、全天候三维连续导航、定位和授时服务

续表

序号	名称	国家 / 组织	特点
3	BDS	中国	BDS 可在全球范围内全天候、全天时为各类用户提供高精度、高可靠的定位、导航、授时服务，并具备短报文通信能力，已经初步具备区域导航、定位和授时能力，定位精度 10 m，测速精度 0.2 m/s，授时精度 10 ns
4	Galileo	欧盟	Galileo 是一个正在建设中的全球卫星导航系统，该系统的基本服务免费，但使用高精度定位服务需要付费

（5）惯性导航系统

卫星定位技术的更新频率一般在 10 Hz 上下，更新频率较低，无法满足高速行驶车辆的信息要求，因此需要介入其他传感器进行互补，增强定位性能。其中惯性导航系统具有重要作用。

惯性导航系统简称惯导系统，是一种不与外界产生任何光电联系，仅靠传感器自身对车辆的位置、速度、转角等信息进行测量的定位系统。其工作原理建立在惯性原理这一经典力学原理上。惯性导航系统如图 7-2 所示。

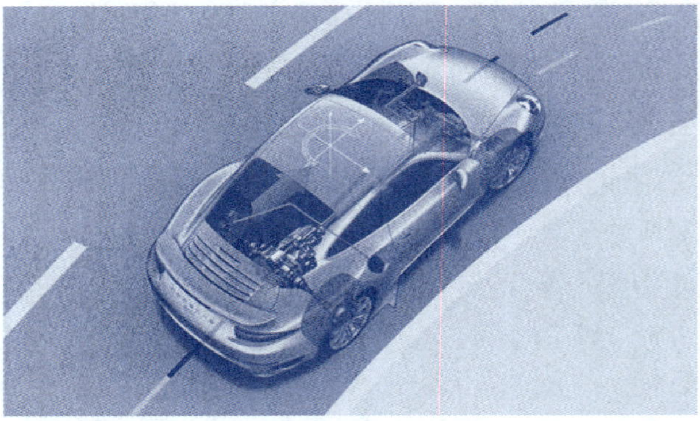

图 7-2　惯性导航系统

（6）定位系统的组合应用

惯性测量单元（Inertial Measurement Unit，IMU）是惯导系统中的测量单元，机动性强，但产生的误差与使用的时间成正比，必须通过连续校准，才可以输出准确的姿态信息和位置信息；全球导航卫星系统定位较为精准，但至少需要同时接收 4 颗卫星信号才可实现定位，容易受到地形影响。

惯导系统不受外界干扰，短时间内可以提供精准的运动轨迹信息；全球导航卫星系统可以提供精准的位置信息，并为惯导系统提供精准的时间信息用于参数校准，因此两种定位系统在使用中可以形成很好的互补。组合应用的定位信息处理框图如图 7-3 所示。

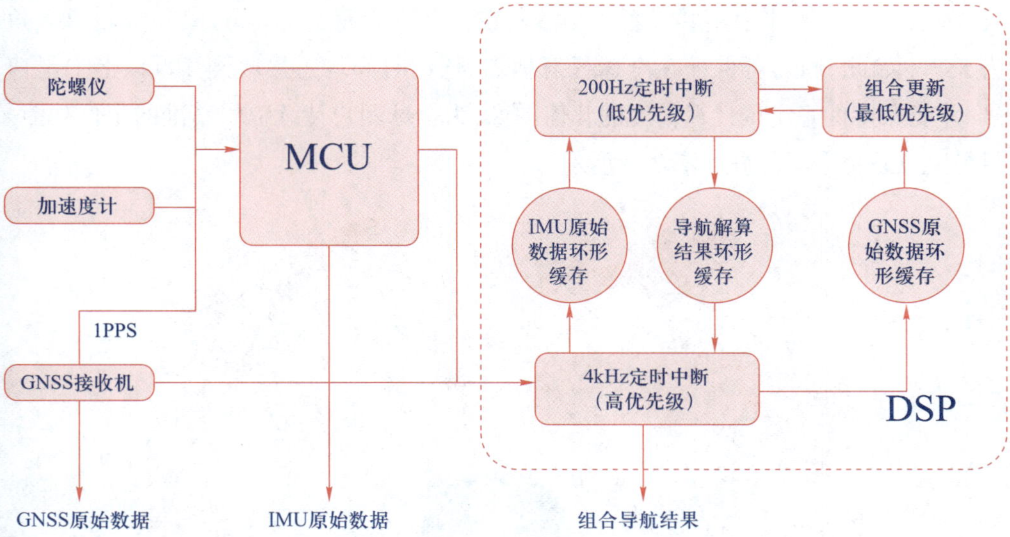

图 7–3　定位信息处理框图

（7）卫星定位系统组成

以 GPS 系统为例，卫星定位系统一般由三部分构成：地面控制部分（由主控站、地面天线、监测站和通信辅助系统组成）、空间部分（由 24 颗卫星组成，分布在 6 个轨道平面上）、用户设备部分（主要由 GPS 接收机和卫星天线组成）。卫星定位系统的组成如图 7–4 所示。

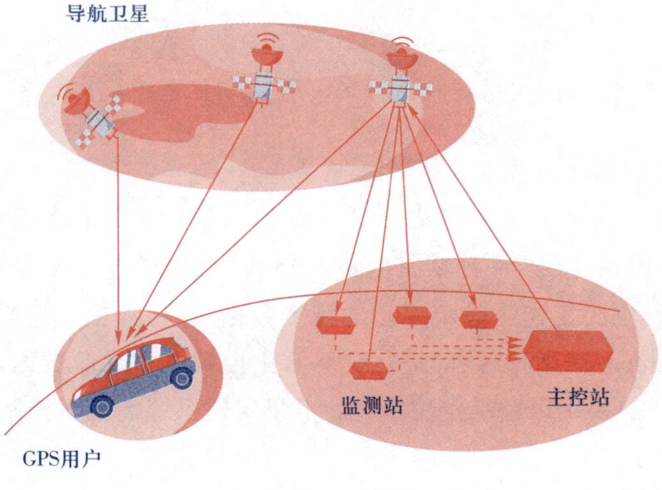

图 7–4　卫星定位系统的组成

1）空间部分

空间部分指人造卫星，在距离地面 20 200 km 的高空运转，为全球用户提供定位服务。根据卫星定位原理，实现精准定位至少需要同时接收到 4 颗卫星的定位信号，所以 GPS 的工作卫星共设置了 24 颗，在 6 个轨道面上均匀分布，每个轨道倾角为 55°。如此分布，可保证在全球任意地点、任何时间均可接收到 4 颗以上卫星信号，并能保持良好定位计算精度的几何图像，为全球用户持续提供精准的定位功能。卫星定位系统空间部分如图 7–5 所示。

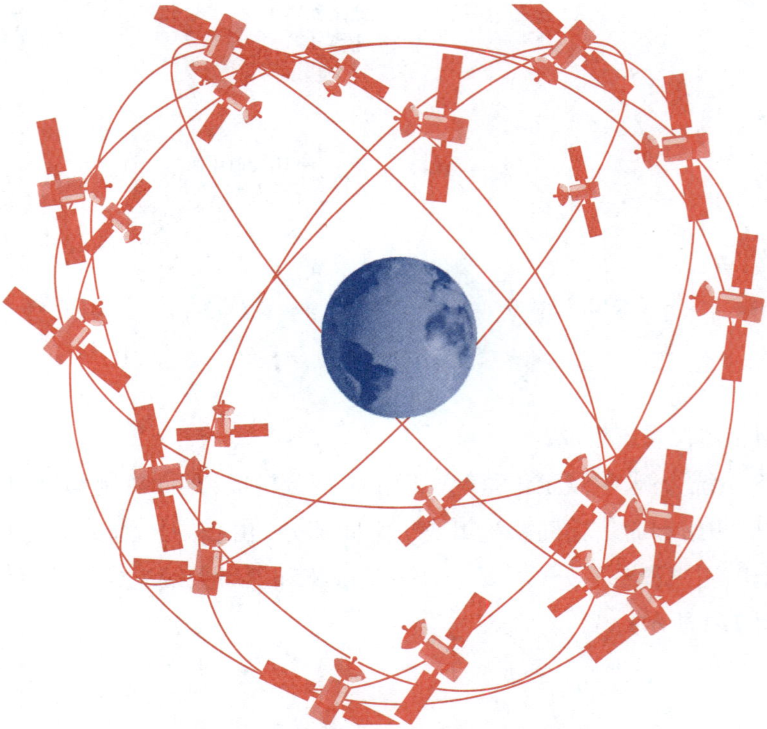

图 7–5　卫星定位系统的空间部分

2）地面控制部分

地面控制部分由一个主控站、5 个全球监测站和 3 个地面控制站组成。监测站均配有精密的铯钟（一种精密的计时器具）和能够连续测量到所有可见卫星的接收机，其主要工作为收集卫星的观测数据，并将数据传递至主控站，由主控站对卫星的轨迹、时间参数等进行计算。主控站再将导航数据及指令经地面控制站发送回卫星，用以校准定位精度。卫星定位系统的地面控制部分如图 7–6 所示。

3）用户设备部分

用户设备部分主要由信号接收机及数据处理软件组成。其主要功能为接收并处理卫星发射的信号，并从中获得定位观测值、广播星历以及卫星时钟参数等，用以校准设备时间并计算出设备当前的位置、速度、方向等综合信息。卫星定位系统的用户设备部分如图 7–7 所示。

图 7-6　卫星定位系统的地面控制部分

（8）卫星定位系统工作原理

图 7-7　卫星定位系统的用户设备部分

卫星定位的基本原理是三角定位原理。卫星信号接收器根据卫星信号传输至接收器的时间来计算接收器至卫星的距离，再通过与多颗卫星的距离及对应每颗卫星的位置，即可计算出接收器相对卫星的实际位置。为满足计算需求，卫星信号接收器至少需要同时接收到 3 颗卫星信号。但由于参数误差，实际使用中需要利用 4 颗以上的卫星信号，才可得到精准的位置信息。

三卫星定位时，以卫星为球心，卫星至接收器距离为半径，分别计算出三个球面，三球面相交的位置即为接收器的实际位置，如图 7-8 所示。

三卫星定位在无误差的前提下即可测算出接收器的精准位置，但由于测距原理，实际过程中接收机的时钟差难以精准地确定，无法保证接收机与卫星时钟的严格同步，故此测算精度将大大降低。所以引入第四颗卫星，即四卫星定位，用以提高定位精度。四卫星定位测算方法为将时钟差作为一个未知参数，与位置坐标（x, y, z）一起共 4 个未知参数进行求解，这样可有效地降低时钟差引发的误差，得到更为精准的定位信息，如图 7-9 所示。

（9）差分定位系统

由于卫星定位依赖于信号的传递，使用过程中有多种因素会对信号传递造成干扰，降低定位的精准度。为降低误差对于定位精度的影响，采用差分定位，通过补偿算法降低甚至消除误差，从而提高定位精度。差分定位原理示意图如图 7-10 所示。

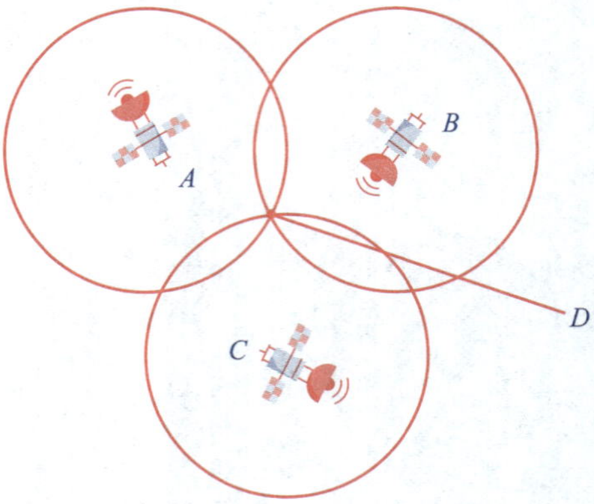

图 7-8　三卫星定位

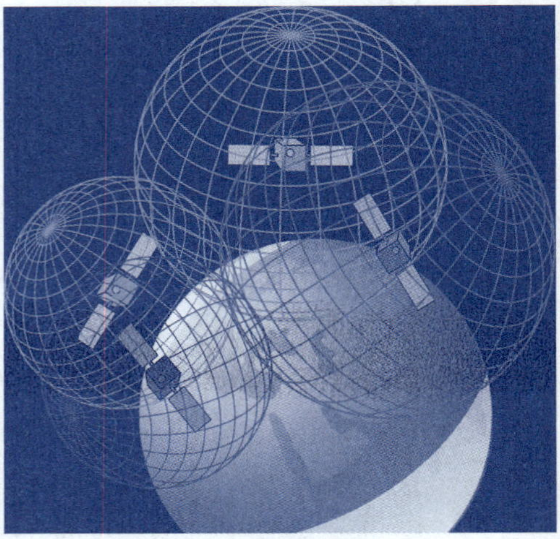

图 7-9　四卫星定位

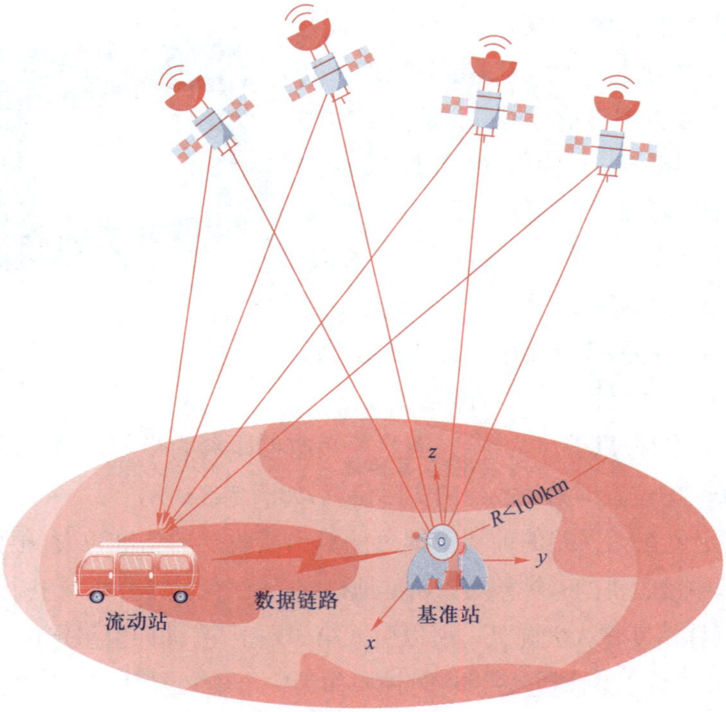

图 7-10　差分定位原理示意图

差分定位的基本原理是在一定范围内设置一台已知精确坐标的接收器作为基准站，该基准站将通过卫星信号测量或计算所得的信息，与存储的信息进行比对，测量出定位差值进而得到位置的校正量，然后基准站将测算到的校正量发送给范围内的流动站即用户设备，从而大大提高用户设备的定位精准度。根据校正的参量不同，差分定位技术可分为位置差分、伪距差分以及载波相位差分三种。

（10）惯性导航系统工作原理

惯性导航系统是以加速度传感器及陀螺仪为基础，利用惯性原理对车身的速度、方向、转角等信息进行推算，从而得到完整航迹的定位系统。

常见的 IMU 一般为六轴 IMU，由 3 个加速度计以及 3 个陀螺仪组成。工作过程中 IMU 可以通过 6 个传感器，测得车身的运动参数（包括直线加速度以及角速度），此外，利用 IMU 加速度信息，还可以判断车身姿态，如侧倾、俯仰和航向等。

（11）组合定位模块安装位置

查阅相关资料或观察实验车辆，找出实验车辆装置的组合定位模块，并在图 7-11 中圈出对应的安装位置。

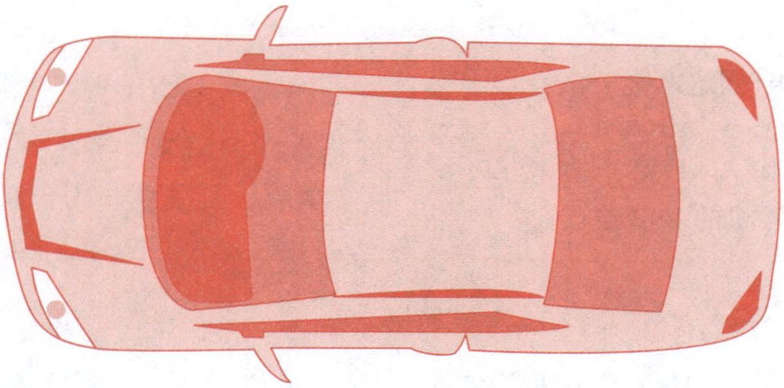

图 7-11　组合定位模块安装位置

2.2　技能演练

（1）操作准备

准备定位系统更换所需的工具和设备，见表 7-3。

表 7-3　工作准备

类别	所需物料
车辆防护用品	通用防护：车内防护用品、翼子板布 高压防护（新能源车辆）：绝缘垫、隔离带、高压警示牌、绝缘手套、绝缘鞋、护目镜
测试仪器、设备	拆装工具套装、撬板、扭力扳手、实训车辆

（2）拆卸定位系统

参照维修手册，按照标准步骤完成定位系统的拆卸，并在表 7-4 中填写相应步骤所用工具。

表 7-4 定位系统拆卸步骤

步骤	操作内容	使用工具	注意事项
1	铺设车辆防护用品		按需铺设，电动车辆应铺设高压防护用品
2	拆卸车辆相关附件		按标准流程进行拆卸
3	拆下 GPS 连接组合惯导的数据线		前后 GPS 接收器共有两条数据线
4	拆下 GPS 接收器		GPS 接收器底部具有磁性，直接固定在车辆上，用力拔出即可
5	拆卸 IMU 固定螺栓		IMU 共有 4 个固定螺栓
6	拔掉 IMU 与 4G 路由器接口以及与工控机的 USB 接口		—

（3）安装定位系统

本任务需对车辆定位系统进行安装。参照维修手册，按照标准步骤完成定位系统的安装，并在表 7-5 中填写相应步骤所用工具。

表 7-5 定位系统安装步骤

步骤	操作内容	使用工具	注意事项
1	安装固定 IMU		IMU 共有 4 个固定螺栓，IMU 安装在车辆后轴中心线上
2	安装 GPS 接收器		分别为车辆前部与后部接收器，安装位置确定
3	连接 IMU 与 4G 路由器以及工况机的数据线		—
4	连接 GPS 与 IMU 的数据线		前后接收器各有一条数据线
5	安装车辆相关附件		按标准流程进行安装

3. 任务总结

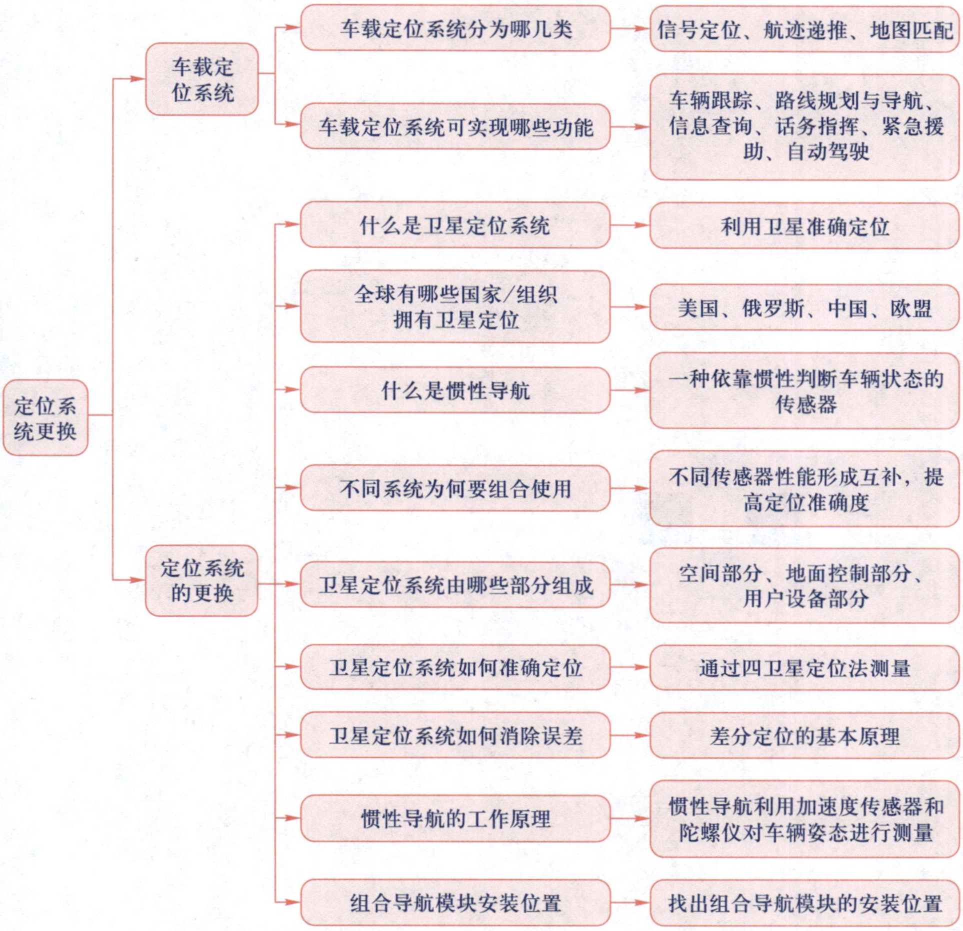
定位系统更换
车载定位系统
车载定位系统分为哪几类
信号定位、航迹递推、地图匹配
车载定位系统可实现哪些功能
车辆跟踪、路线规划与导航、信息查询、话务指挥、紧急援助、自动驾驶
定位系统的更换
什么是卫星定位系统
利用卫星准确定位
全球有哪些国家/组织拥有卫星定位
美国、俄罗斯、中国、欧盟
什么是惯性导航
一种依靠惯性判断车辆状态的传感器
不同系统为何要组合使用
不同传感器性能形成互补，提高定位准确度
卫星定位系统由哪些部分组成
空间部分、地面控制部分、用户设备部分
卫星定位系统如何准确定位
通过四卫星定位法测量
卫星定位系统如何消除误差
差分定位的基本原理
惯性导航的工作原理
惯性导航利用加速度传感器和陀螺仪对车辆姿态进行测量
组合导航模块安装位置
找出组合导航模块的安装位置

领域三
智能座舱系统设定与匹配

一、领域性质

智能座舱系统设定与匹配是“智能网联汽车检测与运维(初级)”的第三个学习领域。在完成智能座舱系统运维内容学习的基础上,本领域继续深入学习智能座舱系统设定与匹配。通过本领域的学习,能够掌握人机交互系统、疲劳驾驶预警系统、智能座椅设定与匹配等技能。

二、领域目标

1. 能够根据人机交互系统使用规范,结合车型具体配置,完成人机交互系统功能设置、操作运行、更换与设定作业。

2. 能够根据疲劳驾驶预警系统使用规范,结合车型具体配置,完成疲劳驾驶预警系统功能设置、操作运行、更换与设定作业。

3. 能够根据智能座椅使用规范,结合车型具体配置,完成智能座椅功能设置、操作运行、更换与设定作业。

三、领域内容

本领域包括人机交互系统更换与设定、疲劳驾驶预警系统更换与设定、智能座椅更换与设定三个任务。

3

任务八 人机交互系统设定与匹配

1. 任务信息

1.1 任务导入

时间：2020 年 3 月。

场景：售后维修中心。

人物：小张（技师）。

情节：客户车辆因事故造成人机交互系统控制模块损坏，维修技师小张需要更换控制模块，并对人机交互系统进行设定。

1.2 任务要求

- 能够根据操作内容，完成工具设备、所需物料准备等工作。
- 能够按照标准流程对人机交互控制模块进行拆装更换并完成人机交互控制模块检查。
- 能够结合车型具体配置，独立完成人机交互系统的设定与操作。
- 能够独立规范进行人机交互系统功能验证。

2. 任务实施

2.1 人机交互系统匹配

2.1.1 知识学习

（1）人机交互系统分类

人机交互系统是信息化技术发展的产物，该系统实现了人与车之间的交互功能。车主可通过该系统，轻松把握车辆状态信息（车速、里程、当前位置、车辆保养信息等）、路况信息；可通过人机交互系统进行 ADAS 功能设置、外联通信、信息娱乐系统设置、驾驶舒适性设置等。人机交互系统按照交互方式进行分类可以分为语音交互、手势识别交互、触摸交互等。在这些交互方式中，语音控制由于不需要驾驶人视线转移、越过系统层级直达功能等优势，是目前汽车人机交互系统中最常用的一类。不用车型的人机交互系统不同，目前常见的人机交互系统有宝马的 iDrive、奔驰的 COMAND、奥迪的 MMI、沃尔沃的 Sensus、上汽荣威的 iVoka、蔚来的 NOMI（图 8-1）、福特的 SYNC、通用的 IntelliLink 以及丰田的 Remote Touch 等。

图 8-1　蔚来人机交互系统“NOMI”

（2）人机交互系统工作原理

人机交互系统工作过程是通过信息采集、模数转换、数据分析、执行控制、执行指令等几个步骤来完成的。首先由信息采集模块中的麦克风、摄像头、触控板等收集驾驶人意图信息，然后通过控制模块的模数转换将收集到的声音、动作等模拟量信息转化为数字信号，再对驾驶人意图进行分析计算，之后将控制信号传递到执行模块，执行模块执行相应的指令来满足驾驶人需求，同时将执行反馈信息传送到控制模块。

车载人机交互系统中最重要的部分是数据分析，数据分析需要人机交互系统控制模块做支撑，控制模块更换后需要对整个系统进行重新设定，完善人机交互控制模块功能，保证人机交互系统正常工作。人机交互系统工作原理示意图如图 8-2 所示。

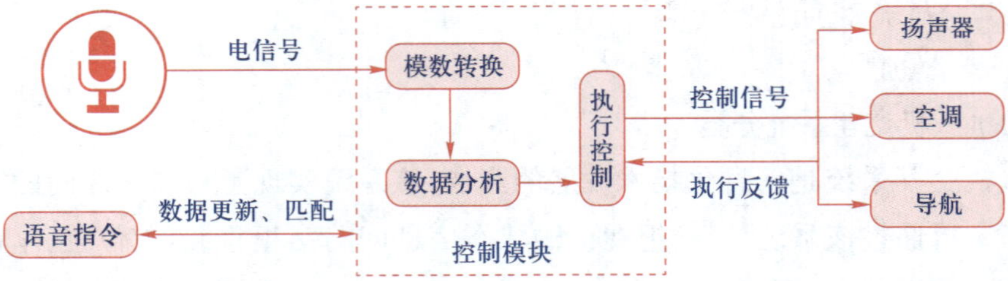

图 8-2　人机交互系统工作原理示意图

（3）信息采集方式分类

1）传声器信息采集

人机交互系统中语音交互方式的信息采集模块是传声器，也被称为麦克风（英文 Microphone 的音译）、话筒等，是传感器的一种，也是一种将声音转换成模拟信号或数字信号的换能器。车辆人机交互系统中主要使用的麦克风有 MEMS（微型机电系统）麦克风和 ECM（驻极体电容）麦克风。

ECM 麦克风，是以电容的充电 / 放电原理工作的，其以隔膜作为电容器的一面，由于声音的振动会产生板与板之间的电荷变化，可以以此作传递信号。这种经振动而产生的声效传递依据纯机电（Electromechanical）原理，其最大优点在于能覆盖全声频响应（0~20kHz），且失真度低，但在其技术原理限制下，一般体积较大。ECM 麦克风如图 8-3 所示。

图 8-3　ECM 麦克风

MEMS 麦克风体积小、轻巧，在不同温度下的性能都十分稳定，其敏感性不会受温度、振动、湿度和时间的影响。由于耐热性强，MEMS 麦克风可承受 260℃的高温回流焊，而性能不会有任何变化。其组装前后敏感性变化很小，还可以节省制造过程中的音频调试成本。MEMS 麦克风如图 8-4 所示。

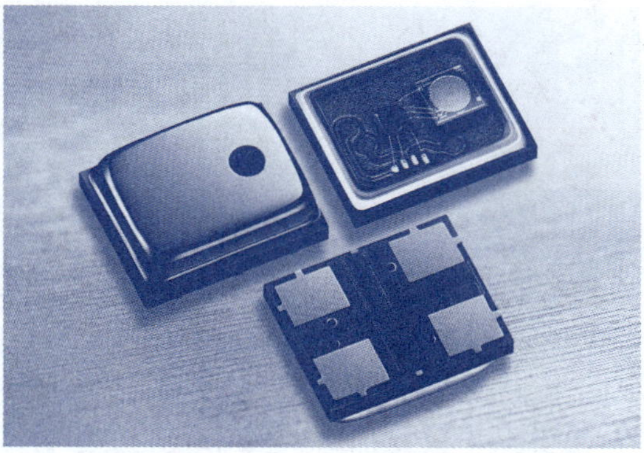

图 8-4　MEMS 麦克风

通过麦克风的语音信息采集方式可以解放用户双手，不影响用户安全驾驶，并且操作方便。但由于用户语言不同以及开放式语音交互都会影响语音交互的准确性。周围环境的嘈杂程度同样影响语音识别准确率。

2）摄像头信息采集

手势交互中的信息采集模块是摄像头，利用透镜成像的原理制作。摄像头是一种将图像转换成数字信号的设备，其工作原理大致为：通过镜头（LENS）生成的光学图像投射到感光芯片（CCD：电荷藕合器件图像传感器。使用一种高感光度的半导体材料制成，能把光线转变成电荷）上，通过模数转换芯片转换成数字图像信号进行输出。其原理如图 8-5 所示。

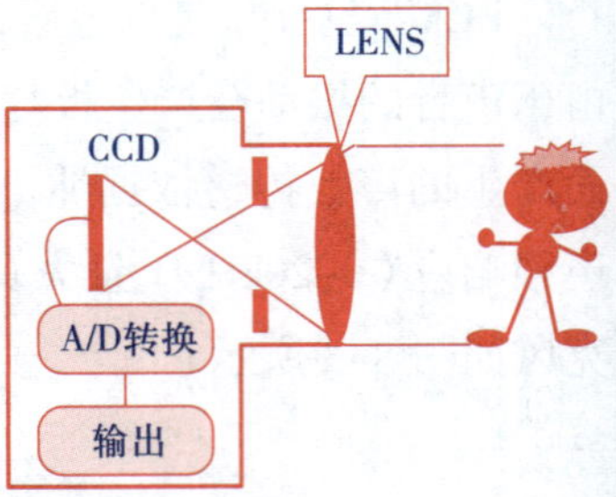

图 8-5　摄像头工作原理图

手势交互可以弥补用户在嘈杂行驶环境中，难以精准实现语音识别的问题；也可以避免车辆行驶过程中用户低头触控所带来的危险。但由于手势形式有限，导致手势指令数量受限。

3）触控板与按键信息采集

触控技术一般分为电阻式触控技术、电容式触控技术、红外触控技术和表面声波触控技术。电阻触摸屏通过压力感应原理来实现对屏幕进行操作和控制。当手指触摸屏幕时，薄膜下层的 ITO 会和玻璃上层的 ITO 有一个接触点，在 x 轴方向就其中一面导电层导通了 5 V 均匀电压场，此时采样得到的电压由零变为一个正电压值，感应器检测到电压导通，传出相应的电信号，进行模 / 数转换，最终将转换后的电压值与 5 V 相比，即可计算出触摸点的 x 轴坐标值。同理可以计算出 y 轴的坐标值，这样就完成了点选的动作，并呈现在屏幕上。如图 8-6 所示。

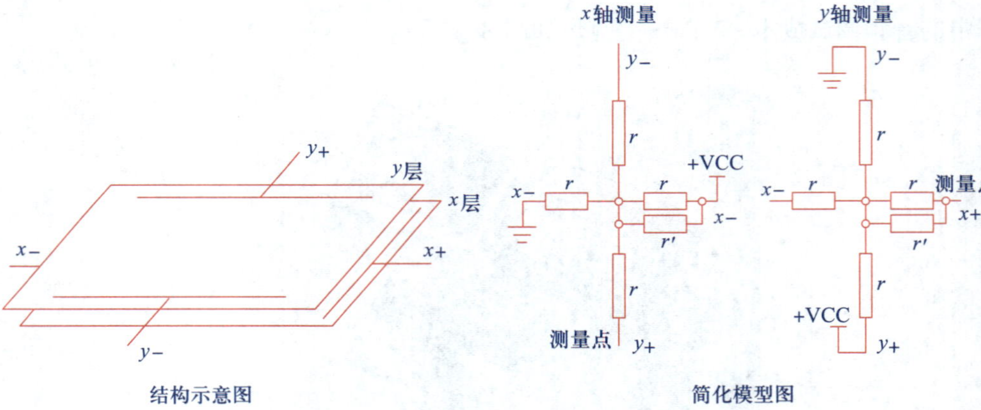

图 8-6　电阻式触摸图

当手指触摸电容式触摸屏时，在工作面接通高频信号，此时手指与触摸屏工作面形成一个耦合电容，这相当于导体，因为工作面上有高频信号，手指触摸时在触摸点吸走一个小电流，这个小电流分别从触摸屏的四个角上的电极流出，流经四个电极的电流与手指到四角的直线距离成比例，控制器通过对四个电流比例的计算，即可得出接触点坐标值，如图 8-7 所示。

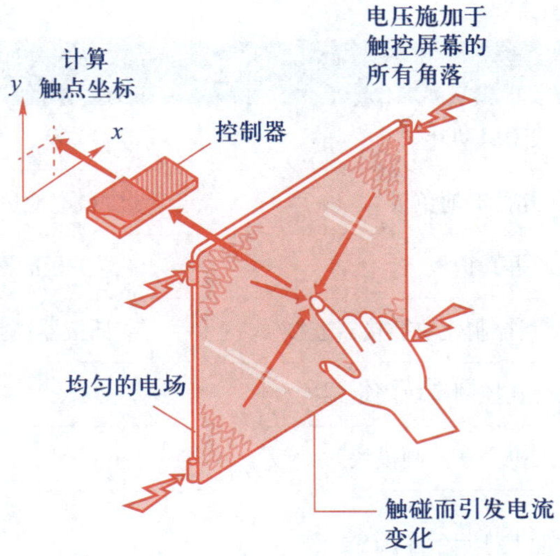

图 8-7　电容式触摸屏示意图

除此之外还有通过红外光线通断进行控制的红外触控技术；通过声波能量波形变化技术的触控技表面声波触控技术。通过驾驶人对触摸屏或按键的触控是最普遍的交互方式，显示屏提供选项，用户进行选择操作，从而向人机交互系统表达用户需求，这种信息采集方式的优点是准确度较高，可以精准输入需求指令，但存在占用用户过长操作时间，转移驾驶人注意力，影响安全驾驶等缺点。例如通过触控打开座椅加热，至少需要点击四下触摸屏，如图 8-8 所示。

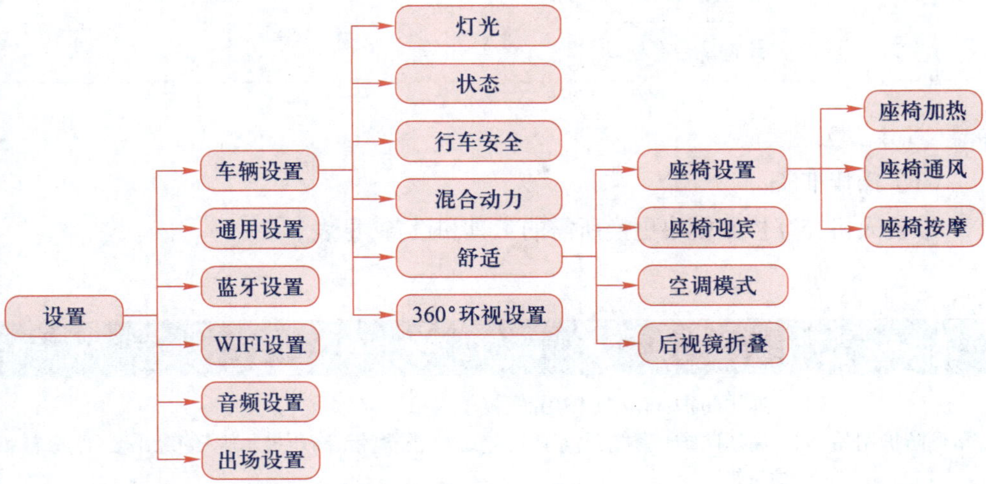

图 8-8　触摸式信息采集流程示意图

（4）人机交互控制模块拆卸流程

人机交互控制模块拆卸流程见表 8-1。

表 8–1　人机交互控制模块拆卸流程

序号	拆卸流程	注意事项
1	关闭启动开关	—
2	断开蓄电池负极	蓄电池负极桩头防护
3	拆卸护板	注意护板的剐蹭、褶皱等损坏
4	断开人机交互控制模块插接器连接	插接器锁扣的正确解锁
5	拆卸人机交互控制模块固定螺栓	—
6	取出人机交互控制模块	—

（5）人机交互控制模块检查内容

人机交互控制模块在安装前需要进行检查，其检查内容见表 8–2。

表 8–2　人机交互控制模块检查内容

序号	检查内容
1	外观是否有磕碰和划痕
2	铭牌是否清晰
3	铭牌内容是否符合
4	针脚是否有断折、弯曲
5	针脚是否有松动

2.1.2　技能演练

（1）操作准备

准备人机交互控制模块更换所需的工具和设备，见表 8–3。

表 8–3　工作准备

类别	所需物料
车辆防护用品	通用防护：车内防护用品、翼子板布 高压防护（新能源汽车）：绝缘垫、隔离带、高压警示牌、绝缘手套、绝缘鞋、护目镜
测试仪器、设备	实训车辆、维修手册、工具套装、撬板、扭力扳手

（2）人机交互控制模块拆卸

按照拆卸流程对人机交互控制模块进行拆卸，并将相关内容填入表 8–4 中。

表 8-4　人机交互控制模块拆卸记录表

序号	工作内容	工具	备注
1			
2			
3			
4			
5			
6			
7			
8			

（3）人机交互控制模块检查

按照检查内容对人机交互控制模块进行检查，并将相关内容填入表 8-5 中。

表 8-5　人机交互控制模块检查记录表

序号	检查内容	检查结果
1	外观是否有磕碰和划痕	是□　否□
2	铭牌是否清晰	是□　否□
3	铭牌内容是否符合	是□　否□
4	针脚是否有断折、弯曲	是□　否□
5	针脚是否有松动	是□　否□

按照拆卸的相反步骤安装人机交互控制模块。

2.2　人机交互系统设定

2.2.1　知识学习

设定是指对车辆部分系统的具体功能进行设置，人机交互系统控制模块更换后，人机交互系统数据均被重置，用户需要根据自己的驾驶习惯以及实际需求来对人机交互系统进行重新设定，以满足驾乘体验。人机交互系统设定是指对人机交互系统的语言、语音类型进行选择设置，还需要选择需要语音控制的其他功能。

2.2.2　技能演练

（1）操作准备

准备人机交互系统设定所需的车辆防护用品。

（2）人机交互系统设定

对匹配后的人机交互系统进行功能设定，并将设定过程记录在表 8-6 中。

表 8-6　设定记录表

<table>
<tr><th>序号</th><th>操作内容</th><th colspan="3">操作记录</th></tr>
<tr><td>1</td><td>打开人机交互系统设置界面</td><td colspan="3">是□　　否□</td></tr>
<tr><td rowspan="3">2</td><td rowspan="3">设定人机交互语言</td><td colspan="2">中文</td><td>□</td></tr>
<tr><td colspan="2">English</td><td>□</td></tr>
<tr><td colspan="2">其他语言</td><td>□</td></tr>
<tr><td rowspan="2">3</td><td rowspan="2">设定人机交互系统语音类型</td><td colspan="2">男声</td><td>□</td></tr>
<tr><td colspan="2">女声</td><td>□</td></tr>
<tr><td rowspan="2">4</td><td rowspan="2">设定唤醒词</td><td>默认唤醒词</td><td>□</td><td>________</td></tr>
<tr><td>自定义唤醒词</td><td>□</td><td>________</td></tr>
<tr><td rowspan="2">5</td><td rowspan="2">设定人机交互系统
对用户的称呼</td><td>默认称呼</td><td>□</td><td>________</td></tr>
<tr><td>自定义称呼</td><td>□</td><td>________</td></tr>
<tr><td>6</td><td>设定人机交互系统语音音量</td><td colspan="3">是□　　否□</td></tr>
</table>

2.3　人机交互系统功能验证

人机交互系统功能设定完成后需要对人机交互系统功能进行验证，判别更换的控制模块是否正常，控制模块匹配是否成功，请将验证结果记录在表 8-7 中。

表 8-7　人机交互系统功能验证

序号	验证内容	示例	验证记录	
1	云端语音识别	“明天天气怎么样 / 股票大盘现在多少点”	正常□	不正常□
2	全景环视影像	“我要倒车了 / 打开全景影像”	正常□	不正常□
3	导航系统	“带我去人民广场 / 附近哪有加油站啊”	正常□	不正常□
4	空调系统	“好冷啊 / 玻璃有雾看不见啦”	正常□	不正常□
5	蓝牙电话	“呼叫张三 / 查看未接来电”	正常□	不正常□
6	多媒体	“来一首 samsara/ 真难听，换首歌”	正常□	不正常□
7	收音机	“打开收音机 / 打开交通广播”	正常□	不正常□
8	氛围灯	“打开氛围灯 / 氛围灯再亮点”	正常□	不正常□
9	座椅	“驾驶位加热开到最大 / 座椅有点烫，别太热啦”	正常□	不正常□
10	天窗	“打开天窗 / 打开遮阳帘”	正常□	不正常□

3. 任务总结

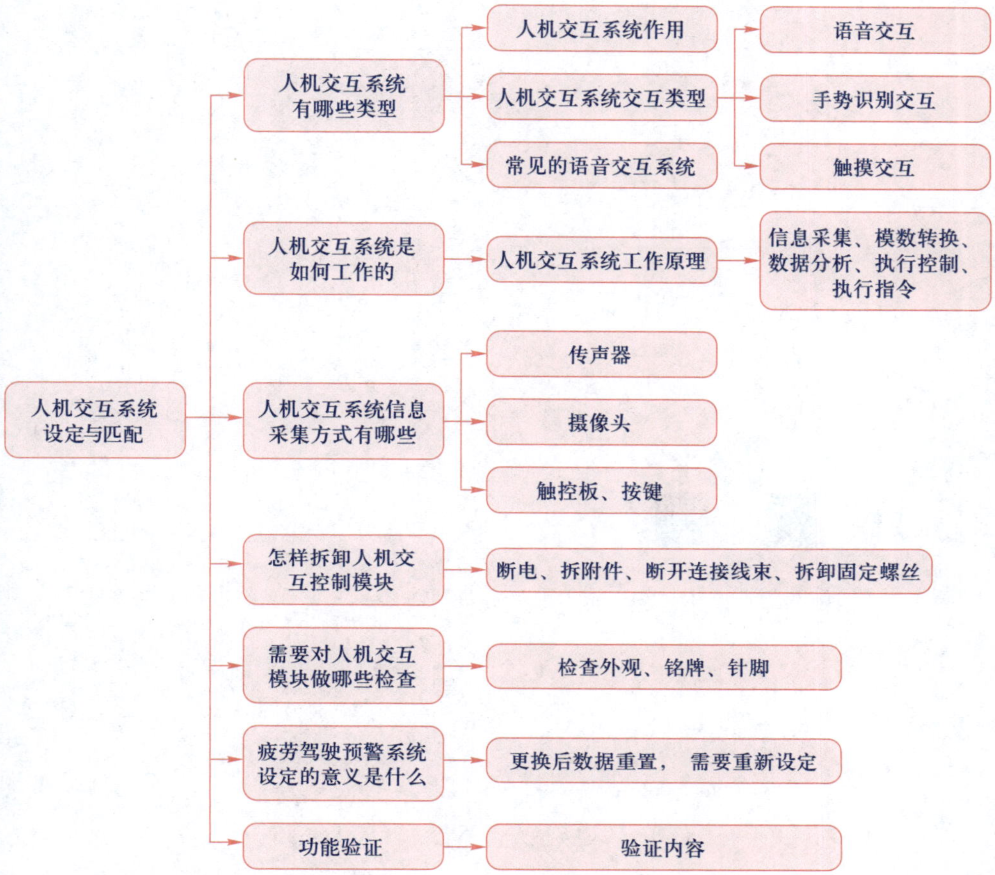
人机交互系统设定与匹配
人机交互系统有哪些类型
人机交互系统作用
人机交互系统交互类型
常见的语音交互系统
语音交互
手势识别交互
触摸交互
人机交互系统是如何工作的
人机交互系统工作原理
信息采集、模数转换、数据分析、执行控制、执行指令
人机交互系统信息采集方式有哪些
传声器
摄像头
触控板、按键
怎样拆卸人机交互控制模块
断电、拆附件、断开连接线束、拆卸固定螺丝
需要对人机交互模块做哪些检查
检查外观、铭牌、针脚
疲劳驾驶预警系统设定的意义是什么
更换后数据重置，需要重新设定
功能验证
验证内容

任务九　疲劳驾驶预警系统设定与匹配

1. 任务信息

1.1　任务导入

时间：2020 年 9 月。

场景：售后维修中心。

人物：小张（技师）。

情节：客户车辆因事故造成疲劳驾驶预警系统失效，技师小张需要更换疲劳驾驶预警系统控制模块，并对疲劳驾驶预警系统进行重新设定。

1.2　任务要求

- 能够根据操作内容，完成工具设备、所需物料准备等工作。
- 能够按照标准流程完成疲劳驾驶预警控制模块更换，并完成疲劳驾驶预警控制模块检查。
- 能够结合车型具体配置，独立完成疲劳驾驶预警系统的设定与操作。
- 能够独立规范进行疲劳驾驶预警系统功能验证。

2. 任务实施

2.1　疲劳驾驶预警系统匹配

2.1.1　知识学习

（1）驾驶人疲劳检测方法

驾驶人疲劳检测方法主要有基于驾驶人自身特征（包括生理信号和生理反应）的检测方法、汽车行驶状态的检测方法和多特征信息融合的检测方法等。

1）基于驾驶人生理信号的检测方法

驾驶人在疲劳状态下，一些生理指标如脑电、心电、肌电、脉波、呼吸等会偏离正常状态，因此，可以通过生理传感器检测驾驶人的这些生理指标来判断驾驶人是否处于疲劳状态。

① 脑电信号是人脑机能的宏观反应，利用脑电信号反映人体的疲劳状态，客观并且准确，判定的准确率较高，但是操作复杂且不适合车载实时监测。

② 心电图指标主要包括心率及心率变异性等，心电信号是判定驾驶疲劳的有效特征，准确度高。利用心电信号检测人体疲劳状况需要将电极与人身体相接触，

3

会给驾驶人的正常驾驶带来不便。

③ 通过肌电信号的分析，反映人体的疲劳程度。肌电图的频率随着疲劳的产生和疲劳程度的加深呈现下降趋势。该方法测试比较简单，结论较明确。

④ 人体脉搏波的形成依赖于心脏和血液循环，因此，利用脉搏波监测驾驶人的疲劳状态具有可行性。

⑤ 人体疲劳状态的一个重要表现就是呼吸频率降低，呼吸变得平稳。在正常驾驶过程中，驾驶人精神集中，呼吸的频率相对较高，如果驾驶期间与他人交谈，呼吸波的频率变得更高，同时呼吸的周期性变差。当驾驶人疲劳驾驶时，注意力集中程度降低，思维不活跃，此时呼吸变得平缓。因此，通过检测驾驶人的呼吸状况来判定疲劳驾驶也成为研究疲劳驾驶预警系统的一个重要方面。此系列检测方法特点如图 9-1 所示。

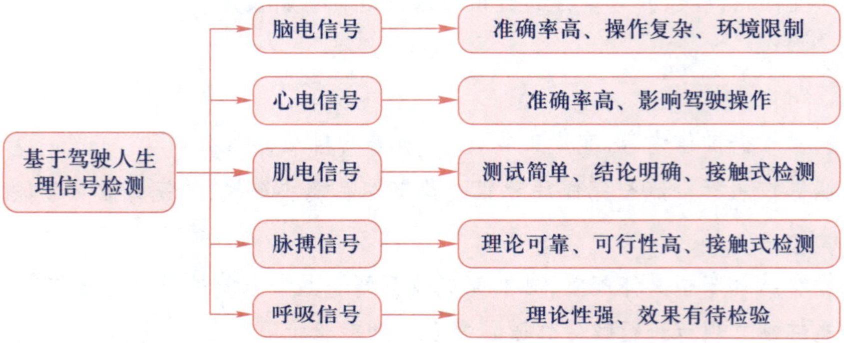

图 9-1 基于驾驶人生理信号检测方法特点

基于驾驶人生理信号的检测方法客观性强，准确性高，但与检测仪器有较大关系，而且都是接触式检测，会干扰驾驶人的正常操作，影响行车安全。而且，由于不同人的生理信号特征有所不同，并与心理活动关联较大，在实际用于驾驶人疲劳检测时有很大的局限性。

2）基于驾驶人生理反应特征的检测方法

基于驾驶人生理反应特征的检测方法一般采用非接触式检测途径，利用机器视觉技术检测驾驶员面部的生理反应特征，如眼睛特征、视线方向、嘴部状态、头部位置等来判断驾驶人疲劳状态。

① 驾驶人眼球的运动和眨眼信息被认为是反映疲劳的重要特征，眨眼幅度、眨眼频率和平均闭合时间都可直接用于检测疲劳。目前被认为最有应用前景的实时疲劳检测方法是 PERCLOS（Percent of Eye Closure，指在一定的时间内眼睛闭合时所占的时间比例）检测，PERCLOS 的 P80（单位时间内眼睛闭合程度超过 80% 的时间占总时间的百分比）与驾驶疲劳程度的相关性最好。为了提高疲劳检测准确率，可以综合检测平均睁眼程度、最长闭眼时间的特征作为疲劳指标，这样可以达到较高

的疲劳检测准确率。通过眼睛特征检测驾驶员的疲劳程度，不会对驾驶人行为带来任何干扰，因此它成为这一领域现行研究的热点。

② 视线方向检测是把眼球中心与眼球表面亮点的连线定为驾驶人视线方向。正常状态下，驾驶人正视车辆运动前方，同时视线方向移动速度比较快，疲劳时，驾驶人视线方向的移动速度会变慢，表现出迟钝现象，并且视线轴会偏离正常的位置。通过摄像头获取眼睛的图像，对眼球建模，把视线是否偏离正常范围作为判别驾驶人是否疲劳的特征之一；人在疲劳时往往有频繁的打哈欠动作，如果检测到打哈欠的频率超过一个预定的阈值，则判断驾驶人已处于疲劳状态。基于此原理，可以完成对驾驶人的疲劳检测。

③ 在驾驶过程中，驾驶人正常和疲劳时其头部位置是不同的，可以利用驾驶人头部位置的变化检测疲劳程度。利用头部位置传感器，对驾驶人的头部位置进行实时跟踪，并且根据头部位置的变化规律判定驾驶人是否疲劳。此系列检测方法特点如图 9–2 所示。

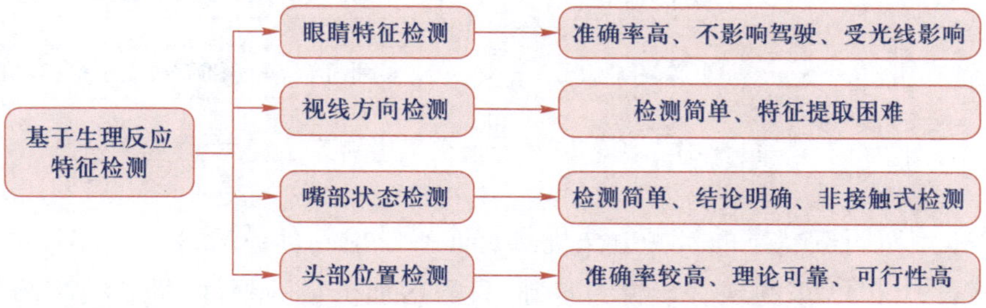

图 9–2　基于驾驶人生理反应特征检测方法特点

基于驾驶人生理反应特征的检测方法的优点是表征疲劳的特征直观、明显，可实现非接触测量；缺点是检测识别算法比较复杂，疲劳特征提取困难，且检测结果受光线变化和个体生理状况的变化影响较大。

3）基于汽车行驶状态的检测方法

基于汽车行驶状态的疲劳检测方法，不是从驾驶人本人出发去研究，而是从驾驶人对汽车的操控情况去间接判断驾驶人是否疲劳。该种检测方法主要利用摄像头和车载传感器检测汽车行驶状态间接推测驾驶人的疲劳状态。

① 基于转向盘的检测包括转向盘转角信号检测和转向盘力信号检测。驾驶人疲劳时对汽车的控制能力下降，转向盘转角左右摆动的幅度会较大，然后在一段时间内其值没有明显变化，同时操纵转向盘的频率会下降。通过对转向盘转角时域、频域和幅值域的分析，转向盘转角的方差或平方差可以作为疲劳驾驶评价指标。通过检测驾驶人驾驶过程中转向盘的转角变化情况来检测驾驶人的疲劳情况是疲劳预警系统研究的热点方向。这种方法数据准确、算法简单并且该信号与驾驶人疲劳

状况联系紧密。

② 驾驶人疲劳时，其对转向盘的握力逐渐减小。通过传感器实时检测驾驶人把握转向盘的力，通过一系列分析，判断驾驶人的疲劳程度。驾驶人对转向盘的操纵特征能间接、实时地反映驾驶人的疲劳程度，具有可靠性高、无接触的优点，由于传感器技术的限制，其准确度有待提高。

③ 通过实时检测汽车的行驶速度，判断汽车是处于有效控制状态还是处于失控状态，从而间接判断驾驶人是否疲劳。

④ 车道偏离检测是指驾驶人疲劳驾驶时，由于注意力分散，反应迟钝，汽车可能偏离车道。此系列检测方法特点如图 9–3 所示。

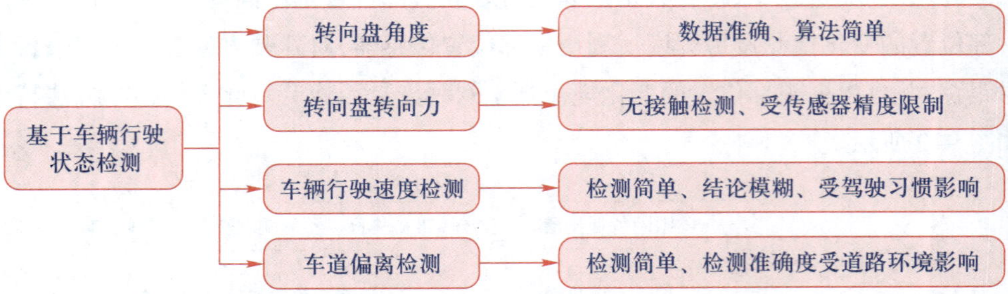

图 9–3　基于车辆行驶状态检测方法特点

基于汽车行驶状态的检测方法优点是非接触检测，信号容易提取，不会对驾驶人造成干扰，以汽车的现有装置为基础，只需增加少量的硬件，具有很高的实用价值。其缺点是受到汽车的具体型号、道路的具体情况和驾驶人的驾驶习惯、驾驶经验和驾驶条件等限制，目前此方法测量的准确性不高。

⑤ 基于多特征信息融合的检测方法。

依据信息融合技术，将基于驾驶人生理特征、驾驶行为和汽车行驶状态相结合是理想的检测方法，大大降低了采用单一方法造成的误警或漏警现象。信息融合技术的应用，使疲劳检测技术得到更进一步的发展和提高，能客观、实时、快捷、准确地判断出驾驶人的疲劳状态，避免疲劳驾驶所引起的交通事故，是疲劳检测技术的发展方向，如图 9–4 所示。

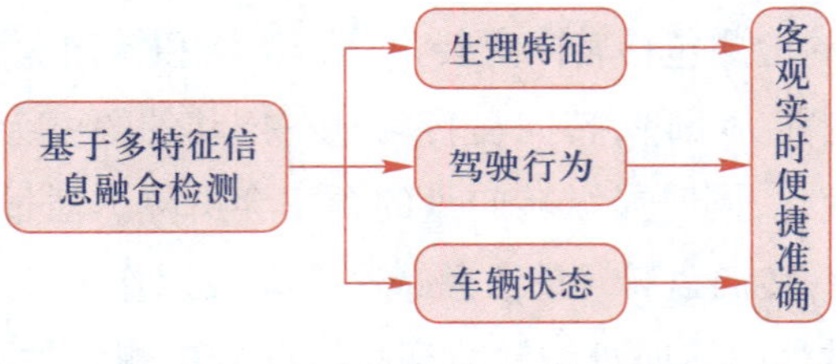

图 9–4　基于多特征信息融合检测方法特点

（2）疲劳监测系统分类

疲劳监测系统根据其监测原理不同，可以分为两类，一类是基于摄像头、红外线感应器等监测驾驶人生理特征，如疲劳驾驶预警系统；另一类是基于驾驶人操作行为或车辆实时轨迹的监测，如疲劳识别系统、注意力辅助系统、驾驶人安全警告系统等。

① 疲劳识别系统。

疲劳识别系统从驾驶开始时便对驾驶人的操作行为进行记录，并通过识别长途旅行中驾驶操作的变化对驾驶人的疲劳程度进行判断。驾驶人转向操作频率变低，并伴随轻微但急骤的转向动作以保持行驶方向是驾驶精力不集中的典型表现。根据以上动作的出现频率，并综合诸如旅途长度、转向灯使用情况、驾驶时间等其他参数，系统对驾驶人的疲劳程度进行计算和鉴别，如果计算结果超过某一定值，系统提示驾驶人需要休息。此外，只要打开疲劳识别系统，无论系统是否进行监测，系统每隔 4 h 都会提醒驾驶人进行休息。

② 注意力辅助系统（Attention Assist）。

注意力辅助系统在 80~180 km/h 的车速范围内不断监测驾驶人的行车方式，当系统被激活后，会对驾驶人驾驶风格学习 20 min，通过车辆装备的多个传感器检测纵向和横向加速度的转向盘和踏板传感器，系统感知到驾驶人正在疲劳驾驶之后提示休息。

③ 驾驶人安全警告系统

驾驶人安全警告系统（DAC）在车辆进入容易使驾驶人放松的笔直、平坦的道路，容易使驾驶人分神和困倦的环境，以及车速超过 65 km/h，均会被激活。驾驶人安全警告系统由一个摄像头、若干传感器和控制模块组成。摄像头不断监测车辆与车道标志之间的距离，通过摄像头发出的信号以及转向盘运动的数据监测车辆行驶路线，将异常行驶状况与正常行驶状况进行对比。传感器记录车辆的运动，控制模块储存该信息并计算是否有失去对车辆控制的危险。如果检测到驾驶行为有疲劳或分心的迹象出现，评估的结果是高风险时，会向驾驶人发出警告，如图 9-5 所示。

图 9-5　驾驶人安全警告系统提醒

（3）疲劳驾驶预警系统工作原理

疲劳驾驶预警系统的运行分为图像采集、图像处理、计算分析、报警提示四个过程。当疲劳驾驶预警系统开启并处于工作条件时，图像采集模块不间断的采集驾驶人信息，同时图像处理模块将采集到的图像进行分析处理，对每一帧图像都需要进行数字化、降噪、滤波、重建等处理，再传输至控制模块利用图像处理算法不断优化结果，并与设定的参数进行比对，比对完成并判别为疲劳驾驶时，通过报警模块提醒驾驶人安全驾驶，降低事故发生率。当疲劳驾驶预警系统控制模块故障或损坏后，控制模块内的数据及算法程序无法正常运行，所以需要更换控制模块，来保证整个系统正常工作，如图 9–6 所示。

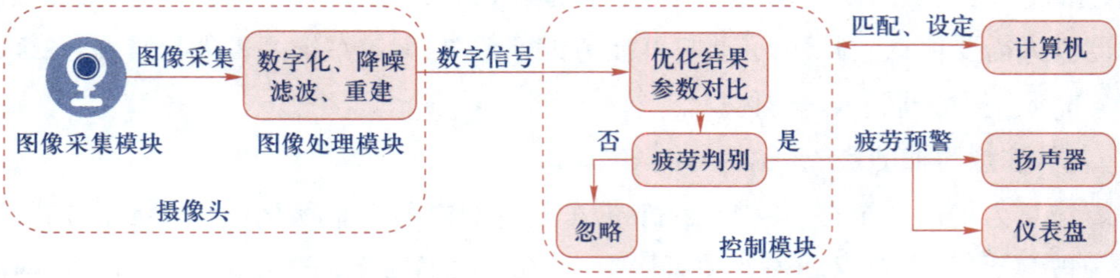

图 9–6　疲劳驾驶预警系统工作原理图

（4）疲劳驾驶预警控制模块拆卸流程

疲劳驾驶预警控制模块拆卸流程见表 9–1。

表 9–1　疲劳驾驶预警控制模块拆卸流程

序号	拆卸流程	注意事项
1	关闭启动开关	—
2	断开蓄电池负极	蓄电池负极桩头防护
3	拆卸护板	注意护板的剐蹭、褶皱等损坏
4	断开疲劳驾驶预警控制模块插接器连接	插接器锁扣的正确解锁
5	拆卸疲劳驾驶预警控制模块固定螺栓	—
6	取出疲劳驾驶预警控制模块	—

（5）疲劳驾驶预警控制模块检查内容

疲劳驾驶预警控制模块在安装前需要进行检查，其检查内容见表 9–2。

表 9-2 疲劳驾驶预警控制模块检查内容

序号	检查内容
1	外观是否有磕碰和划痕
2	铭牌是否清晰
3	铭牌内容是否符合
4	针脚是否有断折、弯曲
5	针脚是否有松动

2.1.2 技能演练

（1）操作准备

准备疲劳驾驶预警控制模块更换所需的工具和设备，见表 9-3。

表 9-3 工作准备

类别	所需物料
车辆防护用品	通用防护：车内防护用品、翼子板布 高压防护（新能源汽车）：绝缘垫、隔离带、高压警示牌、绝缘手套、绝缘鞋、护目镜
测试仪器、设备	实训车辆、维修手册、工具套装、撬板、扭力扳手

（2）疲劳驾驶预警控制模块拆卸

按照拆卸流程对疲劳驾驶预警控制模块进行拆卸，并将相关内容填入表 9-4 中。

表 9-4 疲劳驾驶预警控制模块拆卸记录表

序号	工作内容	工具	备注
1			
2			
3			
4			
5			
6			
7			
8			

（3）疲劳驾驶预警控制模块检查

按照检查内容对疲劳驾驶预警控制模块进行检查，并将相关内容填入表 9–5 中。

表 9–5　疲劳驾驶预警控制模块检查记录表

序号	检查内容	检查结果
1	外观是否有磕碰和划痕	是□　否□
2	铭牌是否清晰	是□　否□
3	铭牌内容是否符合	是□　否□
4	针脚是否有断折、弯曲	是□　否□
5	针脚是否有松动	是□　否□

按照拆卸的相反步骤安装疲劳驾驶预警系统控制模块。

2.2　疲劳驾驶预警系统设定

2.2.1　知识学习

疲劳驾驶预警系统设定

设定是指对车辆部分系统的具体功能进行设置，疲劳驾驶预警系统控制模块更换后，系统各项数据均被重置，用户需要根据自己的驾驶习惯以及实际需求来对疲劳驾驶预警系统进行重新设定，以满足驾乘体验。疲劳驾驶预警系统设定是指对系统的开闭、提示方式进行设定，部分车型还需要选择系统监测的车速范围。

2.2.2　技能演练

（1）操作准备

准备疲劳驾驶预警系统设定所需的车辆防护用品。

（2）疲劳驾驶预警系统设定

对匹配后的疲劳驾驶预警系统进行功能设定，并将设定过程记录在表 9–6 中。

表 9–6　设定记录表

序号	操作内容	操作记录	
1	打开疲劳驾驶预警系统设置界面	是□	否□
2	设定疲劳驾驶预警系统开关	开□	关□
3	设定报警模式	图像	□
		图像 + 语音	□
4	设定系统监测车速	不需要设定	□
		大于 65 km/h	□
		大于__________km/h	□

2.3 疲劳驾驶预警系统功能验证

疲劳驾驶预警系统控制模块匹配完成后需要对疲劳驾驶预警功能进行验证，判别更换的控制模块是否正常，控制模块匹配是否成功。请将验证结果记录在表 9-7 中。

表 9-7 疲劳驾驶系统功能验证

序号	验证内容	验证记录
1	系统是否能正常开启提示	是□ 否□
2	当监测到疲劳驾驶行为时是否报警提示	是□ 否□
3	报警模式是否与设定一致	是□ 否□
4	疲劳驾驶预警系统在大于设定车速时正常工作	是□ 否□
5	系统是否能正常关闭	是□ 否□

3. 任务总结

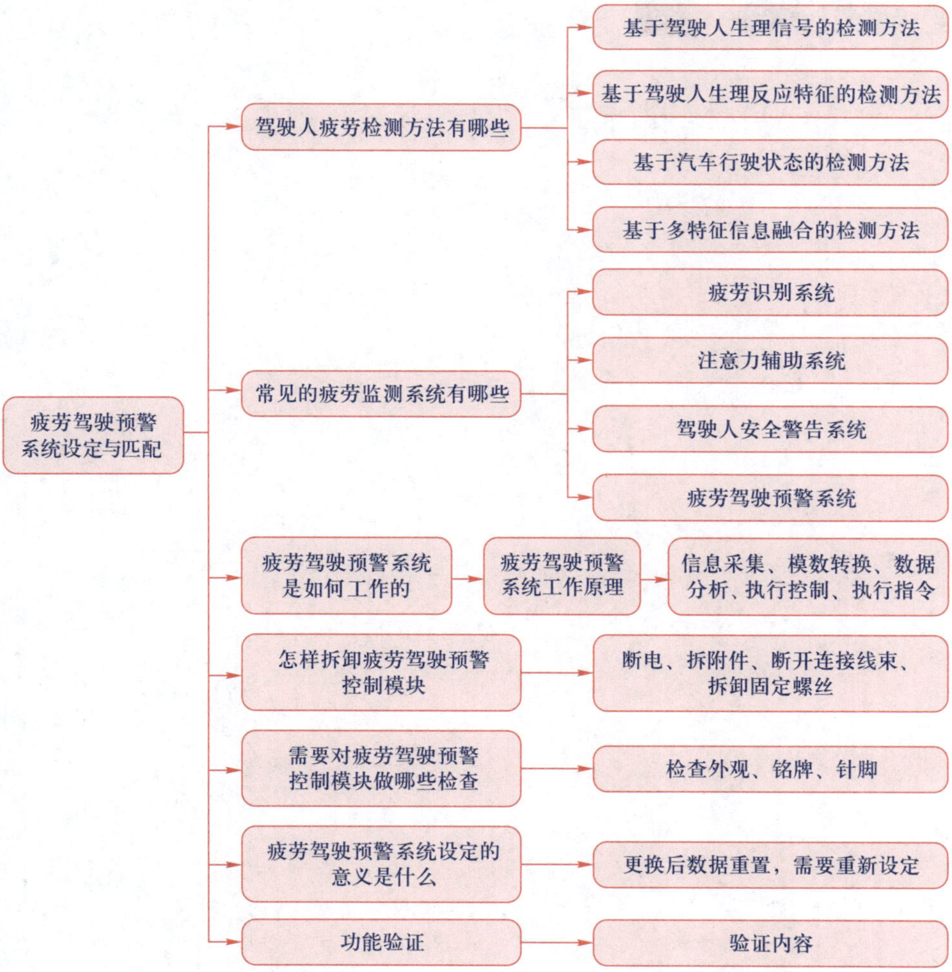

[redacted]

任务十　智能座椅设定与匹配

1. 任务信息

1.1　任务导入

时间：2020 年 01 月。

场景：售后维修中心。

人物：小张（技师）。

情节：客户反映智能座椅各调节功能失效，技师小张需要更换智能座椅控制模块，并需要对智能座椅进行重新设定。

1.2　任务要求

- 能够根据车辆运维操作规范及车辆实际状况，完成所需物料准备。
- 能够按照标准操作流程，完成智能座椅控制模块更换，并对控制模块进行检查。
- 能够结合车型具体配置及设定流程，完成智能座椅所需要的设定内容。
- 能够结合车型具体配置，完成智能座椅各项功能验证。

2. 任务实施

2.1　智能座椅匹配与设定

2.1.1　知识学习

（1）智能座椅工作原理

智能座椅主要目的是为提高乘员乘坐舒适性和操作便捷性。座椅调节、通风、加热等功能的主要工作过程基本分为信息采集、运算处理、执行控制、执行反馈等步骤。首先，乘员通过语音、按键等方式将需求传递到智能座椅控制模块，然后智能座椅控制模块根据收到的信息进行对比、分析，计算出操作需求，并将控制信号发送到相应的执行模块，执行模块做出相应的动作，并将反馈信号传送到控制模块，如图 10–1 所示。

① 座椅调节功能：座椅调节功能一般由调节开关、双向电机、传动装置和控制模块组成。操作座椅调节开关，调节开关将指令信号传递给控制模块，控制模块驱动相应调节功能的电机工作，电机产生的动力通过传动装置将动力传递至座椅，满足座椅各方向的调整需求。

3

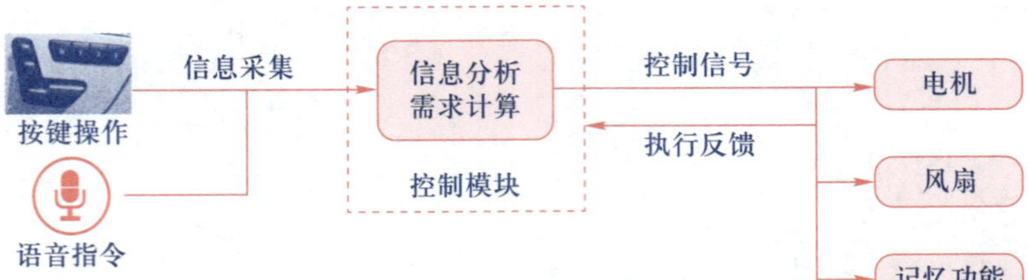

图 10-1　智能座椅工作原理图

座椅调节电机多采用永磁式双向直流电机，即电枢的旋转方向随电流的方向改变而改变，而电流方向通过调节开关来控制，使同一电机能够让座椅进行相反方向位移。座椅调节电机如图 10-2 所示。

图 10-2　座椅调节电机

座椅调节一般设置了位置调节电机、靠背调节电机、坐垫水平调节电机、腰部支撑调节电机，分别对座椅的前后位置滑动，靠背前后倾斜程度，坐垫前 / 后部上下移动及腰部支撑的位置、程度等多项功能进行调节。座椅调节电机位置实物图与示意图如图 10-3 所示。

② 座椅通风功能：座椅通风是车辆座椅的“避暑装置”，夏季时自动空调能够保持车内温度恒定，却无法满足乘员身体与座椅接触部位的通风需求，接触部分空气不流通，久坐会影响舒适感。而座椅通风独有的通风循环系统，通过座椅风扇（抽风式、送风式两种）引导空气通过透气的中间层，将源源不断的空气均匀地从座椅坐垫与靠背上的小孔流出，有效改善了人体与椅面接触部分的空气流通环境，提供舒适的乘坐环境，如图 10-4 所示。

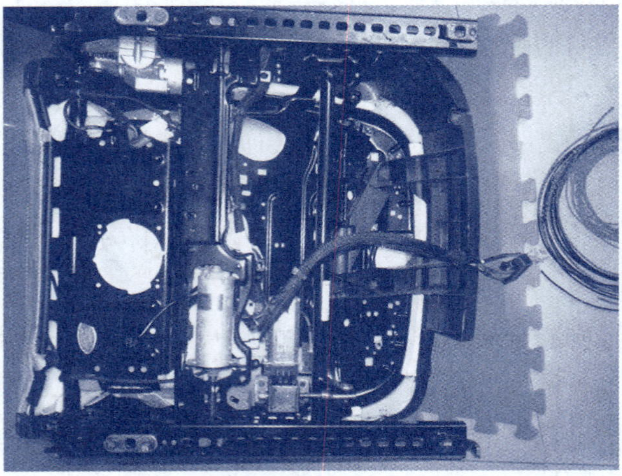
实物图

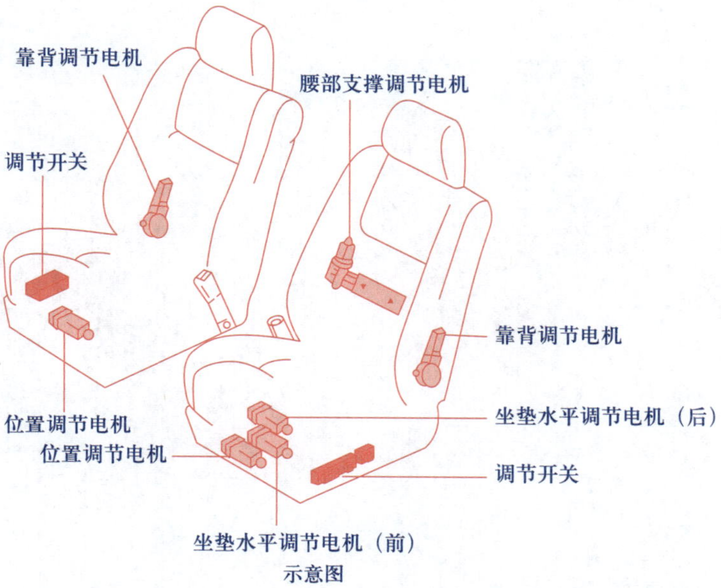

图 10-3　座椅调节电机位置

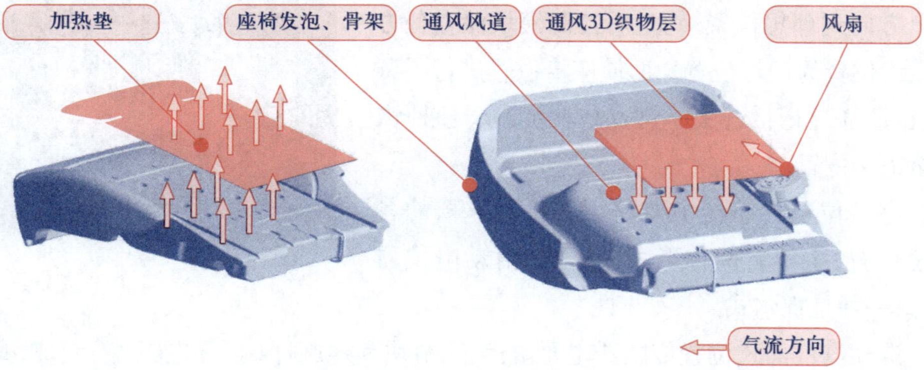

图 10-4　座椅通风

③ 座椅加热功能：座椅加热的原理是利用电加热丝或其他加热装置对座椅内部进行加热，加热装置位于座椅内部，并通过热传递将热量传递给乘员，改善冬天时座椅温度低造成的乘坐不适感。为了提高乘员乘坐的舒适性，控制座椅加热温度在一定的范围内，在座椅加热垫内布置了温度传感器，实时对温度进行监测和反馈。座椅加热如图 10-5 所示。

座椅加热调节开关把加热及挡位信号传递给控制模块，控制模块接通座椅内部的电加热丝开始产生热量，提高座椅和靠背的温度。座椅加热调节开关如图 10-6 所示。

在使用加热装置时，时间不宜过长，温度也不宜过高，感觉舒适即可，且空座椅开启加热功能时，不要放置易于导热或易燃物品，以免加速座椅升温，引发事故。

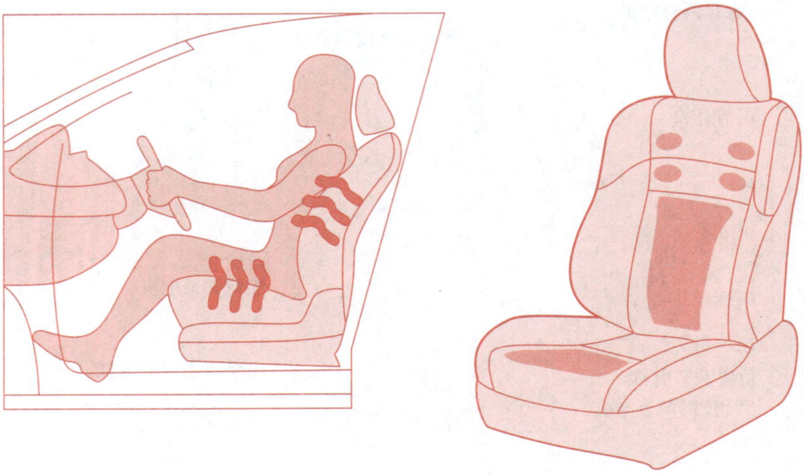

图 10-5 座椅加热

④ 座椅记忆功能：座椅记忆功能部件主要包括电机、记忆开关、控制模块和位置传感器。进行座椅位置记忆存储时，调整座椅各个方向到理想位置，确定后控制模块储存各方向最终位置为记忆位置。即使座椅位置进行了调整，也能通过记忆开关一键操作便捷地将座椅恢复至记忆位置。

图 10-6 座椅加热调节开关

座椅位置传感器主要是用来检测座椅的各方位位置，主要有两种形式，一种是滑动电位器式，另一种是霍尔式。

滑动电位器式位置传感器主要由齿轮、滑块和螺旋杆（可变电阻器）组成，其工作原理和一般电位计相似。螺旋杆由电动机通过齿轮驱动旋转，并带动滑块在电阻器上滑动，从而使输出电压信号发生变化。控制模块根据此电压信号判断座椅的位置。滑动电位器式位置传感器如图 10-7 所示。

霍尔式位置传感器主要由永久磁铁、霍尔集成电路等组成。永久磁铁安装在由电机驱动的转轴上，由于转轴的旋转引起通过霍尔元件磁通量的变化，从而使霍尔元件产生霍尔电压，再经霍尔集成电路进行放大并处理，然后输出旋转的脉冲信号到控制模块。霍尔式位置传感器如图 10-8 所示。

⑤ 座椅按摩功能一般分为气动式座椅按摩和机械式座椅按摩，气动式座椅按摩是在座椅内加入气动装置，气压由气泵提供，座椅靠背内分别有四个或多个气压腔，实现对腰椎部的保护。同时，这些气压腔由一个装在靠背内的电子振荡器控制，电子振荡器根据程序改变气压腔内的压力，使座椅椅面随之运动，达到为驾乘人员

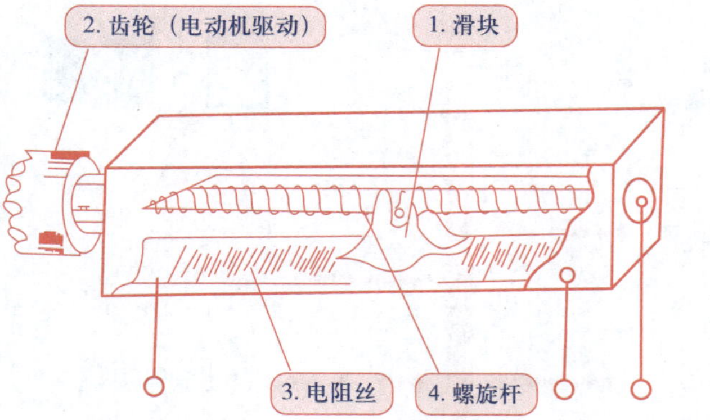

图 10–7　滑动电位器式位置传感器

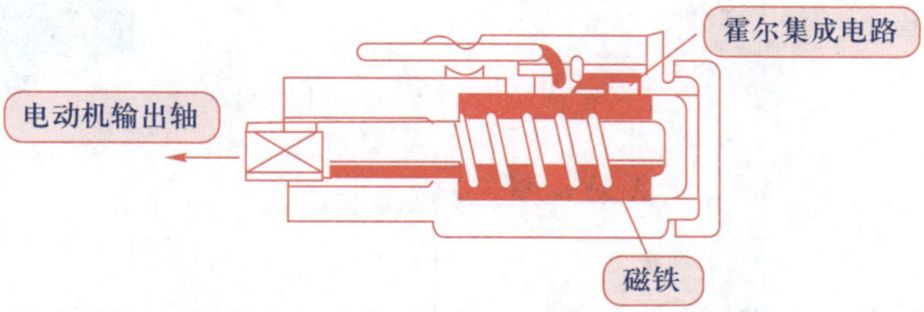

图 10–8　霍尔式位置传感器

按摩的目的，缓解驾乘人员疲劳，提高乘坐舒适性。座椅按摩调节如图 10–9 所示。

⑥ 座椅迎宾功能：关闭启动开关，打开车门时，座椅水平向后移动一段距离，方便驾驶人下车；当驾驶人进入车辆并打开启动开关时，座椅自动恢复到设定位置。

图 10–9　座椅按摩调节

（2）智能座椅健康管理系统作用及组成

智能座椅更加智能化，可以实时监测乘员的生理指标，包括人体温度、心率及呼吸频率，并分析乘员的健康状态，当识别到生理指标异常时，智能座椅可以主动提供按摩、降温或加热来帮助乘员恢复到健康舒适的状态。采集到的生理特征数据也可以传送到控制模块对乘员进行健康管理，通过显示屏让乘员实时了解身体状况，如图 10–10 所示。

智能座椅健康管理系统组成如下。

座椅控制模块（SCM）：检测乘员健康指标，识别当前应用场景并调整座椅到合适的姿态。

心率呼吸监测模块（MMWR）：采用毫米波雷达实现非接触式监测乘员的呼吸及心率。

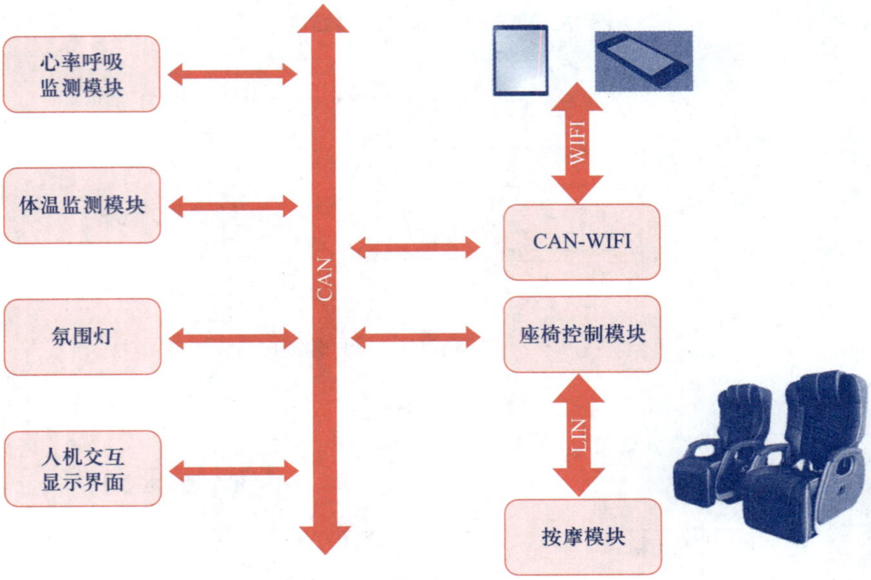

图 10-10 智能座椅健康管理组成

体温监测模块（BTSM）：采用点阵式红外温度传感器，采集探头范围内的温度分布，通过算法提取出人脸温度，达到实时监测乘员面部温度的目的。

人机交互显示界面（HMI）：操作界面，并显示当前智能座椅的状态及乘员的生理指标。

按摩模块（MVB-X）：用于进行按摩动作，支持多种按摩模式和力度。

CAN-WIFI：协议转换模块，用于 CAN 和 WIFI 协议的转换。

氛围灯（VALS）：采用了多色氛围灯，不同模式下呈现不同的显示效果，烘托气氛。

（3）智能座椅控制模块拆卸流程

智能座椅控制模块拆卸流程见表 10-1。

表 10-1 智能座椅控制模块拆卸流程

序号	拆卸流程	注意事项
1	关闭启动开关	—
2	向后调节座椅，拆卸智能座椅前排固定螺栓	座椅表皮的划伤、磨损
3	向前调节座椅，拆卸智能座椅后排固定螺栓	座椅表皮的划伤、磨损
4	断开蓄电池负极	蓄电池负极桩头防护
5	调整座椅，找出智能座椅控制模块	—
6	断开智能座椅控制模块插接器连接	插接器锁扣的正确解锁
7	拆卸智能座椅控制模块固定螺栓	—
8	取出智能座椅控制模块	—

（4）智能座椅控制模块检查内容

智能座椅控制模块在安装前需要进行检查，其检查内容见表 10-2。

表 10-2　智能座椅控制模块检查内容

序号	检查内容
1	外观是否有磕碰和划痕
2	铭牌是否清晰
3	铭牌内容是否符合
4	针脚是否有断折、弯曲
5	针脚是否有松动

2.1.2　技能演练

（1）操作准备

准备智能座椅控制模块更换所需的工具和设备，见表 10-3。

表 10-3　工作准备

类别	所需物料
车辆防护用品	通用防护：车内防护用品、翼子板布 高压防护（新能源汽车）：绝缘垫、隔离带、高压警示牌、绝缘手套、绝缘鞋、护目镜
测试仪器、设备	实训车辆、维修手册、工具套装、扭力扳手

（2）智能座椅控制模块拆卸

按照拆卸流程对智能座椅控制模块进行拆卸，并将相关内容填入表 10-4 中。

表 10-4　智能座椅控制模块拆卸记录表

序号	工作内容	工具	备注
1			
2			
3			
4			
5			
6			
7			
8			

（3）智能座椅控制模块检查

按照检查内容对智能座椅控制模块进行检查，并将相关内容填入表 10–5 中。

表 10–5　智能座椅控制模块检查记录表

序号	检查内容	检查结果
1	外观是否有磕碰和划痕	是□　否□
2	铭牌是否清晰	是□　否□
3	铭牌内容是否符合规范	是□　否□
4	针脚是否有断折、弯曲	是□　否□
5	针脚是否有松动	是□　否□

按照拆卸的相反步骤安装智能座椅控制模块。

2.2　智能座椅设定

2.2.1　知识学习

智能座椅设定

设定是指对智能座椅的具体功能进行设置。智能座椅控制模块更换后，智能座椅数据均被重置，需要根据驾驶习惯以及实际需求来对智能座椅进行重新设定，比如智能座椅的位置调节、记忆功能的数据存储设置、迎宾功能的开启，以及语音控制的功能识别，以满足驾乘体验。

2.2.2　技能演练

（1）操作准备

准备智能座椅设定所需的车辆防护用品。

（2）智能座椅设定

对更换控制模块的智能座椅进行设定，并将操作结果记录在表 10–6 中。

表 10–6　智能座椅设定

序号	操作项目	操作内容	
1	座椅记忆	打开启动开关	
		将驾驶员座椅调节到合适位置	
		持续按压 SET 按钮	
		SET 指示灯亮起后选择储存位置，听到提示音后设定完成	
2	座椅迎宾	座椅迎宾功能是否开启	开启　□
			不开启　□
3	语音控制座椅	座椅语音控制是否开启	开启　□
			不开启　□

2.3 智能座椅功能验证

智能座椅设定完成后需要对智能座椅功能进行验证，判别更换的控制模块各项功能是否正常工作。将验证结果记录在表 10–7 中。

表 10–7 智能座椅功能检查记录表

序号	项目	内容	操作记录			
1	座椅调节功能	座椅位置调节	向前调节		正常	□
					不正常	□
			向后调节		正常	□
					不正常	□
		座椅高低调节	升高调节		正常	□
					不正常	□
			降低调节		正常	□
					不正常	□
		坐垫水平调节	升高调节		正常	□
					不正常	□
			降低调节		正常	□
					不正常	□
		靠背前后调节	向前调节		正常	□
					不正常	□
			向后调节		正常	□
					不正常	□
		腰部支撑调节	位置调节	向上调节	正常	□
					不正常	□
				向下调节	正常	□
					不正常	□
			支撑调节	凸起	正常	□
					不正常	□
				凹陷	正常	□
					不正常	□

续表

序号	项目	内容	操作记录		
1	座椅调节功能	腿托调节	升高调节	正常	□
				不正常	□
			降低调节	正常	□
				不正常	□
		旋转调节	向后旋转	正常	□
				不正常	□
			回正旋转	正常	□
				不正常	□
2	座椅舒适功能	座椅加热	按键位置		
			加热功能	正常	□
				不正常	□
			加热温度调节	正常	□
				不正常	□
		座椅通风	按键位置		
			通风功能	正常	□
				不正常	□
			通风风速调节	正常	□
				不正常	□
		座椅按摩	按键位置		
			各部位按摩功能	正常	□
				不正常	□
			按摩强度调节	正常	□
				不正常	□
3	座椅智能控制	座椅记忆	按键位置		
			座椅位置存储	正常	□
				不正常	□
			记忆位置调出	正常	□
				不正常	□
		座椅迎宾	功能正常		□
			功能不正常		□

3. 任务总结

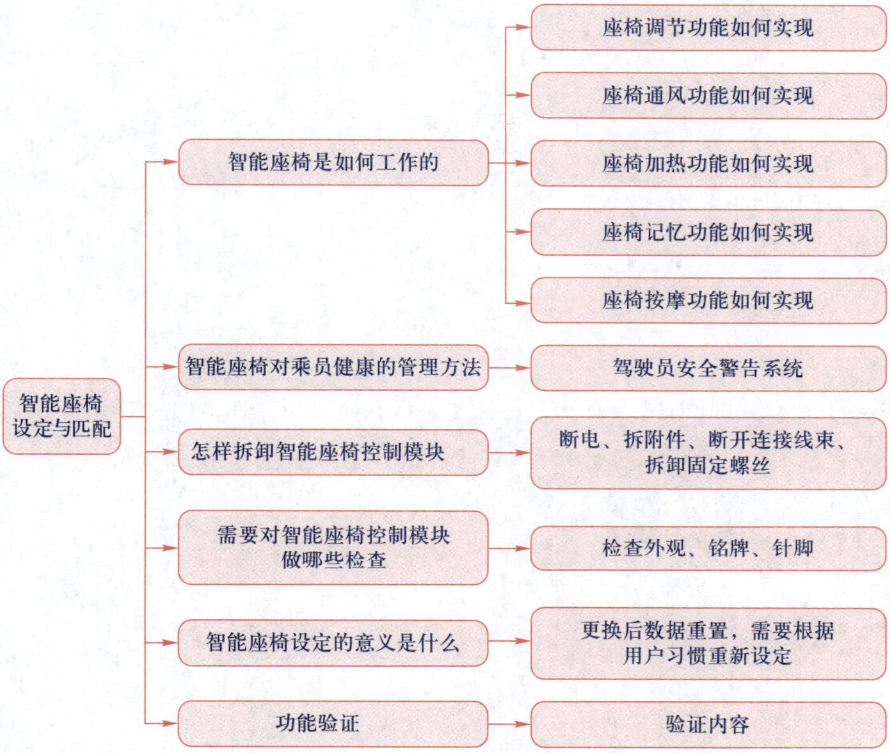
智能座椅设定与匹配
智能座椅是如何工作的
座椅调节功能如何实现
座椅通风功能如何实现
座椅加热功能如何实现
座椅记忆功能如何实现
座椅按摩功能如何实现
智能座椅对乘员健康的管理方法
驾驶员安全警告系统
怎样拆卸智能座椅控制模块
断电、拆附件、断开连接线束、拆卸固定螺丝
需要对智能座椅控制模块做哪些检查
检查外观、铭牌、针脚
智能座椅设定的意义是什么
更换后数据重置，需要根据用户习惯重新设定
功能验证
验证内容

参考文献

[1] 刘春晖,刘光晓.汽车车载网络技术详解[M].北京:机械工业出版社,2019.

[2] 李晓欢,杨晴虹,宋适宇,等.自动驾驶汽车定位技术[M].北京:清华大学出版社,2019.

[3] 王建,徐国艳,陈竞凯,等.自动驾驶技术概论[M].北京:清华大学出版社,2019.

[4] 余贵珍,周彬,王阳,等.自动驾驶系统设计及应用[M].北京:清华大学出版社,2019.

[5] 杨世春,曹耀光,陶吉,等.自动驾驶汽车决策与控制[M].北京:清华大学出版社,2020.

[6] 李力,王飞跃.智能汽车先进传感与控制[M].北京:机械工业出版社,2018.

[7] 李妙然,邹德伟.智能网联汽车技术概论[M].北京:机械工业出版社,2020.

[8] 王庞伟,王力,余贵珍.智能网联汽车协同控制技术[M].北京:机械工业出版社,2019.

[9] 孙逢春,李克强.电动汽车工程手册第六卷智能网联[M].北京:机械工业出版社,2019.